Croyances et santé

Robert Dilts
Tim Hallbom
Suzi Smith

Croyances et santé

Traduit de l'américain
par Dominique Blaess

LA MÉRIDIENNE
DESCLÉE DE BROUWER

L'édition originale de cet ouvrage a été publiée sous le titre *Beliefs. Pathways to Health and Well-being* par Metamorphous Press, Portland, Oregon, 1990.

Pour la traduction française :

© La Méridienne, 1994
17, rue Dupin
75006 Paris
ISBN 2-904-299-13-0
la.meridienne@wanadoo.fr

© Desclée de Brouwer, 1994
2 et 9, Passage de la Boule-Blanche
75012 Paris
ISBN 2-220-03489-5
www.descleedebrouwer.com

A ma mère, Patricia qui m'a appris à vivre
A mon père, Robert qui m'a appris ce qu'est la vie
A ma femme, Anita qui m'a appris à aimer
A mon fils, Andrew qui m'a appris à être

Remerciements

La liste des personnes à remercier pour un tel ouvrage est à la fois vaste et longue. Elle ne comprend pas seulement ceux qui ont contribué à l'élaboration intellectuelle et pratique des travaux presentés ici au cours de mes années de formation. Elle plonge ses racines dans l'histoire de l'humanité : Aristote, Sigmund Freud, Konrad Lorenz, Fritz Perls et d'autres, qui ont jeté les premiers fondements de notre compréhension actuelle de l'esprit humain, méritent d'être cités. John Grinder et Richard Bandler, les deux créateurs de la Programmation Neuro-Linguistique (PNL) ont contribué immensément à cet ouvrage, à la fois en tant que « Pères » des principes et des techniques qui ont permis le développement de ces processus et en tant que guides et amis personnels. Parmi les autres personnes dont le travail a influencé cette recherche, je dois citer Milton Erickson, Gregory Bateson et Timothy Leary. J'ai eu le privilège de travailler avec chacun d'eux personnellement.

J'aimerais également citer Virginia Satir, récemment disparue, dont le travail a nourri le mien. Mon collègue, Todd Epstein, en me servant de résonnateur pour presque toutes mes idées, a constamment enrichi ma réflexion. J'aimerais remercier mes collègues PNL, le réseau des formateurs, les nombreux individus que j'ai assistés, aidés, et qui m'ont donné l'occasion de progresser dans ma propre recherche sur les croyances, répondant ainsi à mon désir de toujours mieux comprendre et développer les processus de bien-être, de choix et de créativité de l'esprit humain. Enfin, et ce n'est certainement pas la moins importante, je remercie ma mère, qui est à l'origine de cette compréhension intuitive et expérimentale ayant abouti au travail présenté ici.

Robert Dilts

Nous aimerions allonger la liste des remerciements : Dave Young a assuré la transcription du chapitre sur les allergies, Michael et Diane Phillips de « Anchor Point » ont contribué à de nombreuses mises au point. Paula Walters a apporté son soutien dès l'origine du projet. Nous sommes également reconnaissants à « The Eastern Insitute of NLP » de ses transcriptions d'ateliers, à Steve et Connirae Andreas de « NLP Comprehensive » de nous avoir acccordé l'accès aux bandes audio et aux films des ateliers animés par Robert, ainsi que de leurs suggestions et leurs explications. Enfin, Lynn Turner a assuré la frappe du manuscrit. Nous aimerions également remercier nos nombreux amis, étudiants et collègues qui nous ont encouragés tout au long de ce travail.

Suzi Smith
Tom Hallbom

Sommaire

Préface à l'édition française

Enfin !

La communauté PNL[1] francophone et toute personne curieuse et intéressée par les nouveaux développements d'une approche systémique et globale de la santé vont enfin avoir accès à ce livre de référence sorti en 1990 aux Etats-Unis.

Robert Dilts est un des chercheurs les plus créatifs et les plus prolifiques dans le monde de la PNL. Il possède un art unique de présenter des concepts élaborés de manière simple et compréhensible et surtout de développer des stratégies spécifiques, reproductibles par d'autres, permettant de mettre ces concepts en action afin d'obtenir des résultats durables. Grâce aux développements créés par Robert Dilts, la PNL est sortie de son image de « trucs comportementaux » pour devenir un ensemble cohérent permettant d'aborder l'ensemble des dimensions de l'expérience humaine. Son approche inclut les niveaux des comportements, des stratégies et modèles mentaux qui organisent nos comportements, des croyances qui déterminent notre champ d'expérience possible, la perception de notre identité ainsi que les niveaux transpersonnels ou spirituels de notre être.

Ce livre traite particulièrement des croyances et de leur

1. Programmation Neuro-Linguistique.

impact sur notre état de santé. Il passionnera tout autant les personnes concernées par la restauration de la santé — à titre professionel ou personnel — que ceux qui s'intéressent à l'approche PNL des croyances.

Si d'aventure la lecture de ce livre vous laissait sceptique quant à l'efficacité et les résultats qui y sont décrits (si c'était vrai, ça se saurait !), je peux vous en garantir l'authenticité. Je garde toujours en mémoire la première formation que nous avons organisée en Europe en 1989 avec Robert Dilts sur la santé. Nous étions sous le choc des « miracles » ordinaires que Robert nous démontrait et nous permettait de reproduire. Je me souviens plus particulièrement de deux personnes. L'une souffrait d'un cancer et devait prochainement subir une intervention chirurgicale, l'autre d'allergie sévère aux tomates. Toutes deux sont à ce jour en parfaite santé. La première a évité l'opération et sa tumeur a disparu. La seconde ne prend plus de médicaments et mange des tomates sans problème.

Ce livre date de 1990. Depuis, Robert Dilts, Tim Hallbom et Suzi Smith ont poursuivi le développement de cette approche pour en augmenter encore l'efficacité. Je vous souhaite d'avoir prochainement l'opportunité d'assister à un séminaire de Robert Dilts, d'avoir la chance de vous délecter de son intelligence et d'être ravi par le cœur et l'humanité dont il fait preuve dans son travail, vous permettant ainsi d'expérimenter concrètement et de tester par vous-même les outils présentés dans ce livre.

Alain Moenaert
Institut Ressources, Bruxelles.

Introduction

Le changement est un processus multi-niveaux :

Nous pouvons opérer des changements dans notre environnement.

Des changements dans nos comportements par lesquels nous inter-agissons avec notre environnement.

Des changements dans nos capacités et stratégies qui organisent notre comportement.

Des changements dans nos croyances et systèmes de valeur par lesquels nous créons nos motivations et renforçons nos cartes mentales internes.

Des changements de notre identité qui organise les valeurs et croyances guidant notre vie.

Des changements dans nos relations aux systèmes plus vastes que nous, à ce que la plupart d'entre nous appellent la vie spirituelle.

L'objectif de ce livre est de nous donner plus de choix à un niveau spécifique de changement : le niveau des croyances.

Son but est de fournir les outils conceptuels et interactifs nécessaires pour comprendre et augmenter nos possibilités de choix à l'intérieur des systèmes de croyances qui guident notre comportement dans la vie.

J'ai commencé à m'intéresser passionnément au processus

du changement des croyances quand ma mère subit un nouvel assaut du cancer du sein en 1982, accompagné de nombreuses métastases qui diminuaient fortement le pronostic de guérison. C'est en l'aidant dans son chemin dramatique et héroïque vers la guérison (certains épisodes sont rapportés dans ce livre) que j'ai acquis une connaissance profonde des effets des croyances sur la santé ainsi que de leurs relations avec les autres niveaux de changement impliqués pour atteindre une transformation comportementale complète et durable.

J'ai animé le premier atelier « Croyances et Santé » en décembre 1984. La plupart des concepts et techniques décrits dans ce livre découlent de ce séminaire et de ceux qui ont suivi ainsi que de mon travail en séances individuelles. La majorité de mes clients se trouvaient engagés dans des expériences menaçant leur survie, ou dans des expériences de transformation radicale de vie.

Bien que l'origine des concepts et des techniques développés dans cet ouvrage remonte fort loin, il s'inspire principalement des principes et des techniques de la Programmation Neuro-Linguistique. La matière première de ce livre est constituée des séminaires avancés de PNL au cours desquels la question des croyances était abordée et traitée à un haut niveau de compétence.

Ce livre est écrit pour que vous puissiez vous identifier à un participant d'un de ces ateliers. Imaginez-vous présent dans la pièce, observant les démonstrations, écoutant les questions et les réponses et prenant part aux exercices. Son premier objectif est de fournir les « comment » des procédures opérationelles de changement de croyances, bien que j'espère que vous, en tant que lecteur, serez également inspiré par les concepts et les exemples de tous ceux dont parle ce livre.

Je voudrais également souligner que cette application de la PNL se développe si rapidement, que nous avons déjà assez de techniques nouvelles et de mises à jour pour rédiger un deuxième volume. Aussi je vous suggère d'aborder ce livre comme un moyen de développer vos propres croyances concernant les possibilités et les méthodes impliquées dans un processus de changement durable, plutôt que de le prendre comme une simple description de techniques et de procédures.

1

Croyances, identification et changement

En 1982, ma mère est arrivée à un tournant de sa vie. Tout bougeait autour d'elle. Son plus jeune fils quittait la maison, et elle devait faire face à ce que ce départ représentait. Le cabinet juridique où mon père travaillait cessait son activité et mon père créait son propre cabinet. Ma mère se sentait aussi frustrée et contrariée parce que la cuisine, le cœur de la maison, avait brûlé. La cuisine était « sa place » et représentait un peu ma mère dans notre système familial. Pour couronner le tout, elle travaillait dur comme infirmière, allant jusqu'à dire qu'elle « *mourait* d'envie de prendre des vacances. »

Au milieu de tous ces changements et du stress induit, ma mère fit une rechute de cancer du sein. Les métastases s'étaient répandues dans la boîte crânienne, la colonne vertébrale, les côtes et le bassin. Les médecins émirent un diagnostic très réservé et dirent qu'ils feraient leur possible « pour qu'elle ne souffre pas ».

J'ai passé quatre longues journées à travailler avec ma mère sur ses croyances sur elle-même et sa maladie. J'ai utilisé toutes les techniques PNL qui semblaient adéquates. Ce travail l'éreintait. Quand nous ne travaillions pas, elle mangeait ou dormait. Je l'ai aidée à changer un nombre de croyances limitantes et à intégrer les conflits majeurs qui s'étaient formés à la suite des nombreux bouleversements de sa vie. Après ce travail sur les croyances, une amélioration spectaculaire se produisit, et elle décida de ne pas suivre de chimio- ni de radio-thérapie, ni toute autre forme de thérapie conventionnelle. Au moment où j'écris ce livre (sept ans plus tard) ma mère jouit d'une excellente santé, et elle n'a pas eu d'autres symptômes cancéreux. Elle nage 800 mètres plusieurs fois par semaine et mène une vie heureuse et bien remplie où les voyages en Europe succèdent aux rôles dans des publicités télévisées. C'est un exemple pour nous tous de ce que des gens atteints de maladies mortelles peuvent réaliser.

Cette expérience avec ma mère a joué un rôle décisif dans le développement de modèles PNL appliqués à la santé, aux croyances et aux systèmes de croyances. Les modèles que j'utilise maintenant ont considérablement évolué au cours de ces sept ans et constituent le cœur de ce livre.

Déjà avant cet épisode, les systèmes de croyances m'intriguaient. Je m'étais en effet rendu compte que, même après une intervention PNL réussie, certaines personnes ne changeaient pas pour autant. En y réfléchissant, j'ai découvert que les gens conservent souvent des croyances qui d'une certaine façon bloquent le changement recherché.

Un exemple typique s'est produit lors d'une démonstration devant un groupe de professeurs. Une femme lève la main et dit : « Moi, je pense que la stratégie PNL pour l'orthographe est formidable, je m'en sers avec mes élèves. Mais avec moi, ça ne marche pas. » Je lui fais faire un exercice de contrôle et, en fait, la stratégie PNL était aussi efficace pour elle. Je lui apprends à écrire un mot jusqu'à ce qu'elle puisse l'épeler à l'envers et à l'endroit sans erreur. Néanmoins, comme elle croyait qu'elle ne pouvait pas épeler, elle ne tenait pas compte de sa nouvelle capacité malgré tous les exemples prouvant le contraire.

Les systèmes de croyances sont le cadre dans lequel s'inscrit tout travail de changement. Vous pouvez enseigner aux gens à écrire correctement tant qu'ils sont vivants et capables de vous répondre. Mais s'ils croient vraiment qu'ils ne peuvent rien faire, inconsciemment ils vont trouver un moyen d'empêcher le changement de se produire, et d'interpréter les résultats pour qu'ils cadrent avec leur croyance. Pour que le professeur que nous venons de citer se serve effectivement de la stratégie d'orthographe, il faudrait d'abord qu'elle travaille sur ses croyances limitantes.

Un modèle de changement avec la PNL

Quand on travaille sur une croyance limitante, le but est de passer de l'état présent à l'état désiré. Le premier pas, et le plus important, c'est d'identifier l'état désiré. Il faut avoir une représentation claire du résultat recherché. Par exemple, si vous travaillez avec un fumeur, il faut l'amener à réfléchir à ce qu'il fera et comment il vivra sa vie de non-fumeur, au travail, avec ses amis, pendant ses loisirs, etc. Quand vous avez aidé quelqu'un à se donner un but, vous avez déjà amorcé le processus de changement car le cerveau fonctionne en cybernétique. Une fois son objectif clair, le cerveau va organiser un comportement inconscient pour l'atteindre. Il va recevoir un feedback auto-correcteur qui va l'aider à maintenir le cap vers son objectif.

En voici un exemple récent. Une thèse de *Master's* à Eastern University en 1953 sur la fixation des objectifs montrait que seulement 3 % des étudiants interrogés s'étaient fixés des objectifs pour la vie. Vingt ans plus tard, en 1973, un étudiant reprit l'étude et vérifia les chiffres auprès des survivants de la promotion 1953. Les 3 % d'étudiants qui s'étaient fixés un but par écrit avaient un meilleur niveau de vie que tout le reste de la classe réunie. Cet exemple illustre la façon dont notre cerveau organise notre comportement pour nous aider à atteindre notre but.

Après avoir identifié l'état désiré, on rassemble des informations sur la situation actuelle ou état présent. En comparant l'état présent et l'état désiré, on peut déterminer les capacités et les ressources nécessaires pour atteindre l'état désiré.

Formule de changement

Voici ma formule PNL de changement. C'est tout simple : L'état présent (problématique) plus les ressources égal l'état désiré.

ÉTAT PRÉSENT + RESSOURCES = ÉTAT DÉSIRÉ

Ceci résume exactement la démarche utilisée dans toutes les techniques spécifiques que la PNL a mises au point au cours des dix-sept dernières années. Parfois des difficultés surgissent alors que vous ajoutez des ressources à l'état présent. Quelque chose interfère dans le processus intellectuel de la personne. On obtient alors le modèle suivant :

ÉTAT PRÉSENT + RESSOURCES = ÉTAT DÉSIRÉ
⇑ ⇑ ⇑
INTERFÉRENCES
(y compris les croyances limitantes)

Reconnaître et travailler avec les interférences

Pour plaisanter, j'appelle les interférences des « terroristes internes » car ils sabotent les efforts les plus sincères. Malheureusement, on ne peut pas entrer en nous-mêmes et arrêter ce terroriste car c'est une partie de nous qui a besoin, non pas d'être détruite, mais d'évoluer pour s'intégrer à nous. Cette interférence est le signal que d'*autres ressources sont nécessaires* avant de pouvoir progresser vers l'état désiré.

Les interférences les plus fréquentes se trouvent *dans* l'individu. Parfois les gens essaient d'atteindre un objectif désiré, sans être conscients qu'ils tirent des bénéfices du problème qu'ils tentent de résoudre. Je vais vous donner des exemples.

Une femme a du mal à perdre du poids, car elle redoute qu'après avoir minci, les hommes la trouvent sexuellement attirante. En fait, perdre du poids déclenche son anxiété parce qu'elle n'est pas sûre d'être à l'aise dans cette situation.

Un homme malade reçoit de ses proches une attention qu'ils ne lui accordent pas d'habitude. Cette situation peut l'encourager à rester malade. En bonne santé, il sent qu'on « le tient pour acquis » et qu'il ne reçoit pas l'attention qu'il voudrait.

J'ai travaillé avec un garçon qui souffrait d'un cancer du foie. Un jour, je lui demande si certaines parties de lui-même ne souhaitent pas retrouver la santé. Il marque un instant d'hésitation. Une partie de lui-même se sentait concernée car il avait organisé une grande soirée d'adieux où tous ses amis étaient venus, avaient mis leur âme à nu, avaient pleuré. Cette partie de lui-même pensait que, s'il guérissait, il ne pourrait faire face à toute cette émotion. Ça ne pouvait qu'aller plus mal pour lui, puisqu'il avait vécu cette expérience intense liée a sa mort annoncée. Se sentir incapable de faire face à une telle expérience est une interférence. J'ai dû d'abord traiter cette interférence avant de pouvoir ajouter des ressources.

Les interférences peuvent prendre trois formes. Dans la première, une partie de la personne ne *veut* pas changer. Souvent, elle n'en est même pas consciente. Je travaillais avec un homme qui voulait arrêter de fumer et toutes ses parties conscientes aussi ! Cependant, il y avait dans son inconscient « un gamin de quinze ans » qui pensait que s'il arrêtait de fumer, il aurait tout d'un conformiste, qu'il ne serait plus lui-même. Il fallait d'abord s'occuper de cette question d'identité avant de lui donner les outils appropriés d'une personne indépendante. Pour créer le changement, il faut *vouloir* changer de façon congruente.

Une seconde forme d'interférence se produit quand la personne ne sait pas *comment* créer une représentation du changement ou *comment* se comporter après le changement. En d'autres termes, comment passer de l'état présent à l'état désiré. Je travaillais avec un garçon qui avait une stratégie auditive pour orthographier les mots et qui n'arrivait pas à écrire correctement. Il essayait en prononçant les lettres à haute voix. Bien entendu il n'écrivait pas bien, car pour orthographier exactement il faut visualiser le mot et avoir un sentiment de connu/inconnu. Je lui ai enseigné la méthode PNL de mémorisation visuelle, ce qui lui a donné le « savoir faire » d'une bonne orthographe.

Cela nous amène au troisième type d'interférence. Les gens ont besoin de se donner *la possibilité* d'utiliser leurs connaissances nouvelles, mais il existe plusieurs façons de se la refuser. Le changement a besoin de temps et d'espace pour se produire. Si une personne essaie une stratégie efficace pour perdre du poids et ne voit pas de résultats en quelques jours, elle ne s'est pas vraiment donné la possibilité de changer. Se donner du temps, c'est s'ouvrir au changement.

Voici un autre exemple. Tim Hallbom et Suzi Smith parlaient avec une conseillère d'université des façons d'aider les gens à transformer leur vie. « Dans *Un cerveau pour changer*, dit-elle, j'ai lu la technique PNL des phobies, mais je ne m'en sers jamais parce que c'est un gadget. » Elle pensait que pour qu'un changement soit valable, le processus devait être long et douloureux. Tim et Suzi ont répondu qu'ils avaient beaucoup utilisé la technique et qu'ils l'avaient vu durer pendant des années. « Ça m'est égal qu'elle dure des années, leur a répliqué la conseillère, c'est quand même un gadget. » Cette jeune femme voulait sincèrement devenir plus efficace, mais ne pouvait y parvenir à cause de sa croyance limitante sur la façon dont le changement doit se produire.

Synthèse

Pour résumer, voici comment créer les conditions du changement :

1. Identifier l'état présent ;
2. Identifier l'état désiré ;
3. Identifier les ressources appropriées (états internes, physiologie, information et capacité) dont vous avez besoin pour passer de l'état présent à l'état désiré, et

4. Eliminer toutes les interférences en utilisant ces ressources.
Vous devez *vouloir* changer, *savoir comment* changer, et vous donner la *possibilité* de changer[1].

Autres facteurs influençant le changement

Quatre autres facteurs influencent le processus de changement à chacune des étapes décrites ci-dessus. Ce sont : 1. la physiologie ; 2. les stratégies ; 3. la congruence et 4. les systèmes de croyance. Je les organise ainsi :

La physiologie et les stratégies sont en rapport avec la phase « comment ». Comment adoptez-vous un comportement précis ?
La congruence et les croyances sont en rapport avec la *volonté* de faire quelque chose ou le fait de *se donner la possibilité de le faire*. Vous devez pouvoir vous engager totalement sans être en lutte contre vous-même ou d'autres gens quant à vos capacités de changement. Vous devez également croire que vous pouvez y arriver[1].

1. La physiologie

Pour moi la physiologie, c'est entrer en contact avec les états intérieurs de notre corps, faire passer notre système de représentation sensoriel dans la bonne modalité (voir, entendre, sentir) pour une action précise. Voici quelques exemples. J'ai étudié la lecture rapide pendant des années et j'ai remarqué que ceux qui lisent le plus vite sont ceux qui tirent le meilleur parti de leur physiologie.

J'ai observé un homme qui se prépare à lire de la façon suivante : il prend un livre, le pose et prend du recul comme s'il allait se jeter dessus. Il s'approche, prend le livre, le regarde en tout sens, le fait passer rapidement d'une main dans l'autre, et se recule de nouveau. PUIS il s'y met *vraiment*. Il fait craquer ses doigts, défait son col de chemise, inspire profondément en saisissant le livre, s'assied et se met à lire rapidement. Essayez pour voir... Ça décoiffe. Une fois que vous vous êtes chauffé ainsi pour vous donner la pêche, vous ne pouvez pas lire lentement ! L-e-n-t-e-m-e-n-t. Par ailleurs, si vous essayez de lire vite, assis confortablement et détendu, et que vous poussiez des soupirs, vous aurez du mal à lire vite.

Encore un exemple. Quand dans le cadre d'un processus de changement, on enseigne à quelqu'un à visualiser, vous pouvez être amené à lui demander plus que de former une image. Vous devrez peut-être le guider dans le bon système de représentation. Imaginez une femme qui demande pourquoi elle n'arrive pas à former une image. Observez sa posture. Si elle respire profondément, affaissée sur son siège, dans une posture kinesthésique, ou bien si sa tête est inclinée sur la gauche, il n'est pas surprenant qu'elle ne puisse pas produire d'image car son corps est dans une posture associée au kinesthésique et à l'auditif, et non pas au visuel.

La physiologie (qui recouvre des changements physiologiques très subtils, comme lever les yeux pour construire des images, ou les baisser pour évoquer des sentiments et des sons) agit comme le tuner de votre chaîne hi-fi ou de votre télévision. Les stations transmettent des ondes à travers la pièce dans laquelle vous êtes actuellement. Un poste a une organisation physiologique qui lui permet de capter ces ondes. Quand vous branchez la 7, le poste sélectionne une des fréquences, avec le minimum d'interférences. Nous fonctionnons presque de la même façon.

Si je veux produire des images internes, je lève les yeux à droite, ma respiration devient superficielle et mon corps se redresse pour que l'image se forme.

Parfois en branchant la 3, on a des interférences de la 4. Cela arrive aussi de temps à autre dans notre tête. On a l'image que l'on veut, mais le mauvais commentaire. La voix dit : « Non, non, tu ne peux pas faire ça. » On a le son d'une autre chaîne, notre auditif. En utilisant notre physiologie correctement, nous nous donnons la possibilité d'adopter un comportement précis pour le but visé.

2. Les stratégies

En PNL, le mot « stratégie » décrit la façon dont les gens organisent leurs images internes et externes, les sons, les sentiments, les odeurs et le goût pour produire une croyance, un comportement ou un schéma de pensée. (Nous appelons les cinq sens représentations ou modalités. Nous n'expérimentons jamais le monde directement, nous nous le re-présentons à nous-mêmes à travers le filtre de nos images internes, des sons, des voix et des sentiments kinesthésiques.) Une stratégie efficace utilise les représentations les plus adaptées dans la séquence la plus adéquate pour atteindre un objectif.

Par exemple, l'objectif est d'épeler un mot correctement. Les gens doués d'une bonne orthographe s'en feront presque toujours une image mémorisée pour pouvoir vérifier leur ressenti. Ils auront ainsi la certitude que c'est la bonne image. Ceux qui n'ont pas une bonne orthographe utilisent des stratégies inefficaces, ils essayent de prononcer le mot phonétiquement, ou ils se font une image du mot à partir du son de celui-ci. Aucune de ces stratégies ne permet d'écrire correctement en toute circonstance.

Dans le cas de la lecture rapide, tant que les gens lisent à voix basse, leur vitesse de lecture reste dépendante de leur vitesse de parole. Quel que soit le système de représentation dans lequel ils se trouvent, leur vitesse va être limitée. S'ils prononcent les mots à voix basse, plutôt que de les voir, ça les ralentit parce que les mots sont séquentiels. Pour passer à une vitesse supérieure, il leur faudrait voir les mots et se représenter leurs sens directement en image.

Ce qui fera de vous un bon athlète ou un bon danseur, c'est la capacité d'observer l'autre et de vous mettre à faire la même chose. On peut dire qu'ils sont bons parce qu'ils sont mieux coordonnés que la plupart des gens. Qu'est ce qui leur permet d'être mieux coordonnés ? C'est la carte qu'ils ont en tête — la séquence des représentations et des sous-modalités — qu'ils utilisent. (Les sous-modalités sont des éléments plus petits à l'intérieur de chaque modalité, des qualités de la modalité. Par exemple, la clarté, la précision, la taille et la position de l'image appartiennent au mode visuel ; le volume, le rythme, l'origine du son, au mode auditif ; la pression ou la durée de la sensation, au mode kinesthésique. En changeant les sous-modalités ou la séquence de représentations, nous changeons notre expérience subjective d'un événement, souvent de façon spectaculaire.)

Nous avons tous du talent, non pas parce que nous sommes plus intelligents ou que nos gènes sont meilleurs, mais parce que nous pouvons construire rapidement et efficacement des représentations solides d'une capacité ou d'un comportement précis. Pour illustrer cette affirmation, pensez à une matière que vous avez apprise facilement à l'école, dans laquelle vous étiez doué. Puis pensez à une matière qui ne marchait pas. Remarquez les différences dans les représentations que vous avez de chacune. La différence de vos dons est liée à la stratégie que vous avez utilisée.

3. La congruence

La congruence se produit quand on s'engage totalement, consciemment et inconsciemment dans un comportement ou vers un but. C'est facile d'avoir une nourriture saine et de maintenir un poids juste si « toutes les parties » de vous-même le veulent. Vous utilisez la bonne représentation et la bonne stratégie. Ce sera beaucoup plus difficile cependant, si vous pensez qu'en mangeant sainement, une partie du plaisir de la vie disparaît. Vous pouvez vous mettre dans la meilleure représentation et apprendre les stratégies les plus efficaces, vous ne vous nourrirez pas sainement si vous ne le voulez pas d'une façon congruente.

L'incongruence rend fréquemment les comportements difficiles à modifier. Le tabagisme, l'excès de boisson, la prise de poids, etc., deviennent problématiques parce qu'une partie de nous-mêmes veut changer, mais une autre (souvent inconsciente) tire des bénéfices du comportement que nous cherchons à modifier.

Au cours d'un travail avec une femme qui voulait perdre du poids, je lui demande : « Dites-moi comment ce serait pour vous, si vous maigrissiez ? » Elle me répond : « Je le sais exactement. Ça sera comme quand j'étais reine de beauté et que je ne m'aimais pas. » Ça n'était pas surprenant qu'elle ait lutté pendant des années pour ne pas maigrir. Reine de beauté, elle n'était plus maître de sa vie, car elle était sans cesse surveillée, contrôlée et jugée pour conserver ses proportions de reine. Pouvoir manger ce qu'elle voulait, quand elle en avait envie, était lié pour elle, au fait de mener sa vie à son gré. Son cas était beaucoup plus compliqué qu'une simple question de poids.

Quand toutes les ressources et l'énergie tendent vers un but pour lequel nous ne sommes pas congruents, une partie de nous-mêmes lutte contre le changement et l'empêche de se produire. C'est cette partie que j'appelle « le terroriste interne ». Si on est congruent par rapport à un objectif, ce sera beaucoup plus facile de trouver de nombreux moyens de l'atteindre.

Dans un système plus large comme l'entreprise, s'il existe des incongruences dans les buts et les valeurs entre les gens, tout projet deviendra une occasion de conflit. Quand l'incongruence est au cœur du problème, on peut engager les gens les plus qualifiés, les consultants les plus réputés, investir dans le meilleur équipement, les formations les plus performantes, on n'obtiendra toujours pas les résultats recherchés.

Les conflits internes (les incongruences) prennent différentes formes. Cela peut porter par exemple sur ce qu'on « *devrait faire* » et ce qu'on « *veut faire* ». On pense qu'on *devrait* arrêter de fumer pour des raisons de santé, mais on *veut* continuer parce que c'est la seule chose que l'on fasse pour son plaisir.

Ou bien l'incongruence va porter sur ce qu'on peut *faire* et *ne pas faire*. On sait qu'on peut demander une augmentation au patron parce qu'on la mérite mais on ne *peut pas* vraiment s'y résoudre. Les croyances « ne pas pouvoir » sont plus difficiles à identifier que les croyances « devoir ». La personne dit : « Oui, je le veux vraiment, mais je ne peux pas. » Elle a l'air congruent (surtout à ses propres yeux) mais quelque chose l'empêche de faire ce qu'elle veut. Elle a souvent l'impression d'un sabotage interne (notre terroriste). Les croyances « ne pas pouvoir » proviennent généralement d'empreintes inconscientes. Nous discuterons les empreintes au chapitre 4.

4. Les croyances et les systèmes de croyances

Les croyances ne sont qu'un des cadres plus larges dans lesquels notre comportement s'inscrit. Quand on croit profondément en quelque chose, cette croyance guide notre comportement. Pour parvenir à notre état désiré, plusieurs types de croyances doivent être en place.

L'attente du résultat est un type de croyance. Cela signifie qu'on pense que notre objectif est réalisable. Dans le domaine de la santé, on croit que les gens peuvent surmonter une maladie comme le cancer. Quand les gens ne croient pas qu'un but est accessible (guérir par exemple) ils n'ont plus d'espoir. Et quand les gens sont désesperés, ils ne font plus ce qu'il faut pour retrouver la santé.

NON ATTENTE D'UN RÉSULTAT = ÉTAT DÉSESPERÉ

Une autre forme de croyance, c'est l'attente de l'auto-efficacité[2]. En clair, on croit que l'objectif est accessible et qu'on a en main les cartes nécessaires pour l'atteindre. Dans le domaine de la santé, cela signifie qu'on croit avoir les ressources nécessaires pour se soigner (même si cela implique que l'on réorganise ces ressources).

En effet, une personne peut imaginer que les autres peuvent guérir du cancer par exemple, mais pas elle. Quand quelqu'un pense ne pas avoir ce qu'il faut pour réussir sa guérison, cela crée un sentiment de désarroi caractérisé. Ne pas avoir d'attente d'auto-efficacité équivaut à un sentiment de désarroi et le désarroi conduit a l'inaction.

NON ATTENTE D'AUTO-EFFICACITÉ = DÉSARROI

Ces deux types de croyances sont indispensables pour passer à l'action et atteindre l'état désiré dans le domaine de la santé. Quand une personne se sent *à la fois* désemparée et désespérée, elle devient apathique. Dans le cas d'un patient atteint d'une maladie mortelle, un tel état peut poser de très grandes difficultés. Mais dans un travail sur les croyances avec un client en bonne santé, on peut être amené à agir sur l'une ou l'autre de ces croyances ou sur les deux.

Si on demande à quelqu'un d'évaluer sa propre attente d'un résultat ou sa propre efficacité, on observe souvent des incohérences. Par exemple, à la question : « Croyez-vous que vous guérirez de votre maladie ? », on obtient souvent une réponse verbale : « Bien sûr », accompagnée de hochements de tête négatifs. En ne travaillant que sur ce que *dit* la personne, on perd la moitié du message. Quand on reçoit un message incongruent de ce type, il faut intervenir sur les parties en conflit en utilisant le « cadre de négociations » (que nous aborderons au chapitre 5) afin de développer des croyances de résultat et d'auto-efficacité.

L'attente de la réponse et l'effet placebo

L'attente de la réponse est un autre type de croyance[3]. Dans une situation donnée, c'est le résultat, positif ou négatif, auquel on s'attend en réponse à notre comportement. L'effet placebo est une illustration d'attente de la réponse.

L'effet placebo se produit quand un patient réagit positivement à un médicament physiologiquement inactif : pilule de farine, gélule de lactose, comprimé de sucre, ou tout autre ingrédient inerte. On donne un placebo à quelqu'un en lui disant l'effet que ça va produire, et bien entendu, ça marche souvent. Les placebos sont aussi efficaces que les vrais médicaments dans un tiers des cas.

Il y a quelques années, j'ai étudié de nombreux articles car Bandler et Grinder voulaient commercialiser des placebos. Ils pensaient les mettre en flacons étiquetés « Placebos » et les accompagner de petits fascicules expliquant que l'efficacité des placebos avait été prouvée dans le traitement de différentes maladies dans X nombre de cas. Il n'y avait qu'à parcourir la liste pour trouver son pourcentage de chance d'après les statistiques.

Mon étude a fait apparaître des chiffres intéressants. Dans le cas de la douleur, la recherche montre que pour 51 à 70 % des patients, les placebos peuvent être aussi efficaces que la morphine[4]. Dans une autre étude, les chercheurs voulaient montrer comment les patients qui réagissent aux placebos réagissent aux vraies drogues[5]. Ils leur ont donc administré de la morphine. 95 % des patients réagissant positivement aux placebos réagissaient également à la morphine. Par comparaison, 54 % des patients ne réagissant pas aux placebos étaient soulagés par la morphine, soit une différence de 41 %. Les gens qui s'attendaient à être soulagés étaient soulagés. A partir de ces études, l'efficacité de certains médicaments peut être remise en cause.

Une autre étude intéressante fait apparaître que l'attente de la réponse (la croyance dans le pouvoir du médicament) est le principal facteur déterminant les résultats[6]. Cette étude sur l'alcool divise les sujets en quatre groupes :

1. Les hommes auxquels on dit qu'on donnera de l'alcool et à qui on en donne ;
2. Les hommes auxquels on dit qu'on donnera de l'alcool et à qui on donne un placebo ;
3. Les hommes auxquels on dit qu'on ne donnera pas d'alcool, mais à qui on en donne ;
4. Les hommes auxquels on dit qu'on ne donnera pas d'alcool, et à qui on n'en donne pas.

Les deux groupes supposés recevoir de l'alcool ont eu des réactions à peu près identiques. Elles étaient très différentes des réactions de ceux qui croyaient ne pas avoir d'alcool mais qui en avaient quand même eu. Les deux groupes auquels on a dit qu'ils recevraient de l'alcool l'ont réclamé. Le groupe à qui on a dit qu'il recevrait de l'alcool sans lui en donner, a réagi différemment. Les hommes auxquels on avait dit qu'ils recevraient de l'alcool (qu'ils en aient eu ou non) présentaient des battements cardiaques plus lents que la normale quand ils étaient mis en situation « sexuelle angoissante ». Les groupes auquels on a dit qu'ils ne recevraient pas d'alcool (qu'ils en aient eu ou non) avaient des battements cardiaques accélérés dans les mêmes situations.

Les chercheurs ont conclu qu'il existe un effet pharmacologique du médicament et un effet d'attente. L'étude montre également que l'attente de la réponse est le facteur déterminant, au moins chez les sujets dont le comportement est affecté par l'alcool. Une autre étude a souligné les différences de réactions physiologiques entre les hommes et les femmes. Mais d'après les chercheurs, ces différences ne peuvent pas être expliquées par les effets pharmacologiques de l'alcool, ni par les différences physiologiques entre les sexes. Ils en ont conclu que la réponse est fonction des croyances[7].

Fondamentalement, toutes ces études vont dans le même sens. L'effet placebo (l'attente de la réponse de la part d'un individu) est une composante essentielle du comportement et du changement.

De nombreuses croyances sont en rapport avec l'attente. Si on ne s'attend pas à guérir d'une maladie, on ne fera pas tout ce qui est en son pouvoir pour se rétablir, on recule devant certaines actions ou décisions qui paraissent difficiles. En d'autres termes, si on ne croit pas que ses efforts porteront leurs fruits, ou si on ne croit pas avoir les ressources pour y arriver, on ne va pas faire tout ce qu'il faut pour atteindre son but.

Comment changer les croyances ?

Les croyances ne reposent pas nécessairement sur un cadre logique. Elles sont au contraire notoirement rebelles à toute logique. Elles ne sont pas conçues pour coller à la réalité. Comme on ne sait pas vraiment ce qu'est la réalité, on développe une croyance, une sorte de foi. Il est indispensable de l'avoir reconnue et comprise pour aider le client à s'en délivrer.

Abraham Maslow raconte une histoire qui illustre très bien ce point. Un psychiatre traite un patient qui croit être un cadavre. Malgré tous les arguments logiques du psychiatre, l'homme persiste. Dans un éclair d'inspiration, Maslow lui demande : « Est-ce que les cadavres saignent ? » — « C'est ridicule ! répond le patient. Bien sûr que non, les cadavres ne saignent pas. » Avec l'accord du patient, le psychiatre prend une aiguille, pique le doigt du patient et une goutte de sang rouge vif apparaît. Le patient regarde son doigt qui saigne avec une surprise pleine d'écœurement et s'exclame : « Nom d'un chien ! Les cadavres saignent vraiment ! »

Anecdote pleine d'humour. Il m'est arrivé de travailler avec des gens qui partagaient un point commun avec l'homme de cette histoire. Plus particulièrement lorsque la personne souffre d'une maladie en phase terminale. « Je suis déjà mort, je suis déjà un cadavre et aucun traitement ne me sauvera. Le plus intelligent pour moi, c'est d'arrêter de me battre contre l'inévitable », c'est une croyance terrible, car dans l'état actuel de nos connaissances, personne d'autre ne peut dire si on va aller mieux ou pas.

Il y a quelques années, j'ai lu une étude très intéressante dont j'ai oublié les références. Dans l'espoir de trouver un point commun entre eux, une femme a interviewé cent « survivants du cancer ». Elle définit un survivant du cancer comme une personne dont le diagnostic de cancer en phase terminale laissait peu d'espoir de guérison, mais qui dix ou douze ans plus tard, en bonne santé, mène une vie active. Remarquons qu'elle n'a trouvé aucun point commun entre les différents traitements que les gens avaient suivis. Des gens différents ont suivi des traitements différents, chimiothérapie, radiations, programmes nutritionnels, chirurgie, guérison spirituelle, etc. Cependant, ces survivants avaient un point commun : ils croyaient tous que le traitement qu'ils suivaient les guérirait. C'est la croyance, et non pas le traitement qui a fait la différence.

Les types de croyance

Les croyances concernant la cause

Quelle est l'origine du cancer ? Qu'est-ce qui fait qu'une personne est créative ? Qu'est ce qui fait qu'une affaire marche ? Pourquoi fume-t-on ? Pourquoi n'arrive-t-on pas à perdre du poids ? La réponse à ces questions est une croyance.

On peut dire : « J'ai un sale caractère parce que je suis irlandais » ; ou : « On est une famille à ulcère » ; ou : « Si tu sors sans manteau, tu vas attraper froid. » Le mot « parce que » (exprimé ou sous-entendu) signale souvent une croyance sur la cause.

Des amis consultants interviennent dans une grosse société où les gens sont tout le temps malades. Les employés souffrent du rhume ou de la grippe. Le PDG explique à mes amis que le système d'air conditionné est en réfection car on pense qu'il est la cause des maladies incessantes du personnel. Par la suite, ils ont découvert que le bureau où tout le monde était malade avait subi quatre réorganisations drastiques en sept mois. Qu'est-ce qui a provoqué la grippe de tant d'employés ? Le stress des réorganisations, l'air conditionné ou les microbes ? Les croyances sur la cause découlent du filtre de notre expérience. Si l'on croit que X produit quelque chose, notre comportement va s'efforcer de provoquer X ou de l'empêcher de se produire si ses conséquences sont négatives pour nous.

Les croyances concernant le sens

Quel est le sens d'un événement ? Qu'est ce qui est important ou nécessaire ? On a un cancer, qu'est-ce que ça signifie ? Est-ce qu'on est « mauvais » et le cancer est une punition ? Est-ce que ça signifie que c'est la fin ? Est-ce un signe qu'il faut changer de style de vie ?

Si on ne peut s'arrêter de fumer, qu'est-ce que ça signifie ? Est-ce qu'on est faible ? Est-ce qu'on est un raté ? Est-ce simplement qu'on n'a pas encore intégré les deux parties de nous-même ?

Les croyances concernant le sens vont induire des comportements congruents avec la croyance. Si on pense avoir du mal à s'arrêter de fumer parce qu'on a des parties non intégrées, on va s'efforcer de les intégrer. Mais si on pense que c'est parce qu'on est faible, on ne fera rien pour que l'intégration se produise.

Les croyances concernant l'identité

Les croyances concernant l'identité incluent la cause, le sens et les limites. Qu'est-ce qui nous pousse à faire quelque chose ? Que signifient nos comportements ? Quelles sont nos frontières et nos limites personnelles ? Changer nos croyances sur notre identité signifie que, d'une certaine façon, nous allons devenir une personne différente. Parmi les exemples de croyances limitantes sur l'identité, on peut citer : « Je ne vaux rien », « Je ne mérite pas de réussir », ou : « Si j'obtiens ce que je veux, je vais perdre quelque chose. » Les croyances sur l'identité sont souvent les croyances qui nous empêchent de changer parce qu'elles sont inconscientes.

Il ne faut pas confondre les croyances sur l'identité et les phobies. Les phobies sont des comportements qui ne cadrent pas avec notre identité, ce qui explique qu'elles soient en général aussi faciles à éliminer. Richard Bandler a travaillé avec une femme qui avait peur de ramasser des vers de terre. Richard lui demanda : « Vous devez beaucoup ramasser de vers de terre ? Ça fait partie de votre travail ? » — « Oh, non ! C'est juste qu'avoir peur de ramasser les vers de terre, ça ne cadre pas avec moi. » Richard a pu l'aider à se débarrasser de sa phobie rapidement.

Cette phobie ne faisait pas partie de sa définition de son identité. L'intervention est plus facile que lorsque le problème fait partie intégrante de l'identité. Je ne sais plus combien de fois, au cours du travail avec une cliente, celle-ci réalise soudain que le changement souhaité allait vraiment se produire et dit : « Je ne peux pas faire ça, ce ne serait plus moi. »

L'effet des croyances sur l'identité peut être essentiel. Par exemple, lors d'un séminaire en Europe, j'ai fait un travail sur le changement avec une femme qui souffrait d'allergies sévères. En vérifiant que ce changement serait écologique pour elle, je la vis se figer. En fait, elle était allergologue. Se débarrasser de ses allergies par une simple technique de PNL mettait en cause son identité professionnelle. Il fallait d'abord opérer un changement important à ce niveau.

En résumé, les croyances peuvent porter sur le sens, l'identité et la cause. Elles peuvent toucher le monde autour de nous, inclure d'autres gens, ou bien concerner notre « moi » et notre identité.

Les croyances sont des schémas inconscients de pensée, ce qui les rend difficile à identifier. Il existe trois pièges principaux à éviter quand on travaille sur l'identification des croyances ou des systèmes de croyances.

Les pièges de l'identification des croyances

Le poisson dans les rêves

Le premier piège s'appelle « le poisson dans les rêves ». Ce surnom vient d'un programme radio humoristique d'une station de Los Angeles dont David Gordon m'a parlé. (David est un auteur PNL connu qui anime des séminaires et développe des techniques.) Un homme décrit un psychanalyste qui pensait qu'à l'origine de tous les problèmes, le patient voyait un poisson dans ses rêves. Les gens venaient le voir et commencaient à lui parler de leurs difficultés, il les interrompait et demandait :

PSYCHANALYSTE : Pardon, vous n'avez pas rêvé la nuit dernière, hum ?
CLIENT : Je ne sais pas, peut être,... oui.
PSYCHANALYSTE : Vous n'avez pas rêvé de poisson par hasard ?
CLIENT : Euh, non... non.
PSYCHANALYSTE : Parlez moi de votre rêve.
CLIENT : Je marchais dans la rue.
PSYCHANALYSTE : Y avait-il de l'eau dans le caniveau ?
CLIENT : Eh bien, je ne sais pas.
PSYCHANALYSTE : Est-ce qu'il aurait pu y en avoir ?
CLIENT : Je pense qu'il aurait pu y en avoir
PSYCHANALYSTE : Est-ce qu'il aurait pu y avoir un poisson dans l'eau du caniveau ?
CLIENT : Non... non.
PSYCHANALYSTE : Mais ça aurait pu. Vous marchiez bien dans la rue, n'est ce pas ? Il n'y avait pas un restaurant dans cette rue ?
CLIENT : Oui, il aurait pu y avoir un restaurant.
PSYCHANALYSTE : Est-ce qu'il y avait du poisson au menu ?
CLIENT : Je pense qu'un restaurant peut proposer du poisson au menu.
PSYCHANALYSTE : Ah, ah, je le savais. Un poisson dans les rêves !

L'un des dangers, c'est en effet que le thérapeute, en cherchant à identifier les croyances de son client, trouve confirmation de ses propres croyances dans les croyances de ce dernier. J'ai connu une thérapeute qui, enfant, avait été violée. Elle cherchait toujours à faire apparaître de telles situations chez ses clients et y arrivait chez la plupart d'entre eux, que cette terrible expérience fasse vraiment partie de leur histoire personnelle ou non.

Le hareng rouge

Dans le domaine des croyances, les gens élaborent souvent des raisonnements logiques pour expliquer leur comportement. Freud parlait de la notion d'anxiété flottante (c'est une angoisse causée par un conflit inconscient). Selon lui, dans cette situation, on est seulement conscient de cette angoisse diffuse, et on se trouve des raisons logiques pour justifier cet état. Mais cette belle construction n'a rien à voir avec l'angoisse.

C'est ce que j'appelle le « hareng rouge ». On rencontre souvent ce phénomène chez le sujet compulsif-obsessionel. Par exemple, une femme peut fournir des explications sur les microbes et sur les raisons pour lesquelles elle se sent mal. En général, ça n'explique pas l'origine de son mal-être. Freud était convaincu que c'était un refoulement sexuel. Je pense plutôt que son sentiment de mal-être est le résultat de conflits internes qui sont, il est vrai, souvent inconscients, mais qui n'ont rien à voir avec la vie sexuelle.

L'écran de fumée

L'« écran de fumée » est le dernier comportement problématique qui peut empêcher d'identifier une croyance.

Une croyance, particulièrement si elle touche à l'identité (ou à un problème très douloureux) peut être cachée par un écran de fumée. Tout d'un coup, le client a un blanc, ou bien se met à parler de quelque chose sans rapport avec ce qui se passe. C'est comme s'il était pris dans un nuage de confusion. Il faut bien garder à l'esprit que le client va « s'esquiver » précisément au moment où on touche à quelque chose de vraiment important. Comme la pieuvre ou le calamar envoie un jet d'encre pour se protéger d'un prédateur, le client va fuir parce qu'il — ou une partie de lui-même — a peur. Il travaille avec une croyance sur son identité — une croyance qui se révèle douloureuse ou désagréable — et il ne veut pas l'admettre, même en son for intérieur.

Le client remarque souvent : « J'ai eu un blanc quand vous m'avez posé cette question. » Si on essaie de remonter à l'empreinte de l'expérience originelle au moyen des émotions, il va dire : « Je me souviens très bien de cette première expérience, mais ça n'a rien à voir avec mon problème. » Soit il va se mettre à parler de quelque chose de totalement différent, soit il se trouve dans une telle confusion qu'il ne peut plus répondre du tout.

En résumé, il existe trois obstacles à l'identification des croyances :

1. *Le poisson dans les rêves* est une projection des croyances du thérapeute.
2. *Le hareng rouge* permet au client d'expliquer ses sentiments sans être conscient de ce qui les suscite vraiment.
3. *L'écran de fumée* bloque ou dissocie la structure de la croyance pour éviter d'y être confronté.

L'identification des croyances

Après avoir évité les pièges, comment identifier les croyances ? De toute évidence, en travaillant sur une croyance inconsciente, on ne peut pas demander à son client : « Quelle est votre croyance limitante ? » Soit il répondra, soit il se taira. S'il répond, il peut le faire avec un hareng rouge ou un écran de fumée. S'il ne dit rien, il est dans une impasse car ça ne lui évoque rien. Une personne a souvent du mal à définir ses croyances car elles font tellement partie de sa vie quotidienne, qu'elle n'arrive pas à prendre du recul et à les identifier clairement.

Fréquemment on atteint les croyances limitantes par le

moyen des écrans de fumée. Quand le client débouche dans une impasse, il dit : « Je ne sais pas... », « Pardon,... j'ai un passage à vide », ou : « C'est fou, ça n'a pas de sens. » Paradoxalement, c'est le genre de réponses que l'on recherche parce qu'elles indiquent qu'une croyance limitante va surgir.

Les croyances limitantes s'expriment souvent en termes qui enfreignent le méta-modèle[8]. Les schémas linguistiques les plus fréquents des croyances sont les *opérateurs modaux* et les *nominalisations*. Typiquement, ils traitent de ce qu'une personne *peut* ou *ne peut pas* faire, *devrait* ou *ne devrait pas* faire. Des phrases comme « Je suis comme ça », « Je fais des fautes en écrivant », « Je suis gros », révèlent des croyances qui limitent la pensée de la personne sur elle-même et sur ce qu'elle peut faire pour changer.

Les croyances s'expriment aussi dans des relations de cause à effet, avec des termes « si/alors ». « Si je ne dis pas mes prières, je serais puni », « Si je m'affirme, je serais rejeté », « Juste quand je commence à réussir, tout s'écroule. »

En conclusion, on identifie les croyances en trouvant un problème que la personne a essayé de résoudre plusieurs fois par différentes méthodes, y compris la PNL. En demandant : « Qu'est-ce que ça veut dire sur vous-même que vous n'ayez pas réussi à changer ça ? », on obtient parfois en réponse une croyance sur l'identité. En demandant : « Qu'est-ce que vous voulez à la place, et qu'est-ce qui vous empêche de l'avoir ? » on peut ancrer la réponse obtenue (un sentiment négatif, un blanc, n'importe quoi) et remonter à l'expérience à l'origine de cette croyance. Les façons d'identifier les croyances apparaîtront plus clairement au fil des différentes démonstrations d'utilisation de la PNL.

Pour changer une identité ou une croyance limitante :

1. Vous devez savoir *comment faire*.
2. Vous devez être *congruent quant à l'objectif désiré*.
3. Vous devez aussi avoir la croyance que vous *pouvez* changer.

Le changement ne sera pas complet si l'une de ces trois conditions n'est pas remplie. Vous pouvez vouloir faire quelque chose, croire pouvoir le faire, mais si vous ne savez pas comment, si vous n'avez pas la bonne physiologie ou la bonne stratégie, ce sera difficile. De plus, vous pouvez avoir toutes les capacités, toute la formation et tout le matériel pour être efficace, si vous êtes incongruent ou si vous ne vous croyez pas capable d'y arriver, vous ne pourrez pas obtenir le changement recherché.

La structure des croyances et la réalité

Comment connaît-on la structure de la croyance ? Croit-on par l'intermédiaire des sentiments ? Et si l'on croit à quelque chose par l'intermédiaire du ressenti, comment ce ressenti se forme-t-il ? Est-ce le résultat de quelque chose que l'on voit ou entend[9] ? Quelle est l'orientation profonde de la stratégie ?

J'ai rencontré de nombreuses personnes qui me disent : « Je ne comprends pas, je me suis *dit* des millions de fois que je ne me *sentirais* plus comme ça dans cette situation », ou : « Je me suis promis que quand je lui reparlerai, je ne me sentirai pas coincé, mais quand j'y suis, ça recommence. » Se promettre de changer ne marche pas parce que la stratégie créée par le *ressenti* n'a rien à voir avec ce que l'on se *dit*. Il s'agit de l'image de soi et de sentiment, ou d'une comparaison entre deux images. D'autres disent : « J'ai essayé de *visualiser* la situation tant et plus, mais *quelque chose me dit* que ça ne marchera pas. En plus je ne comprends pas, parce que je suis bon, je me fais de superbes images. Je me vois obtenir une promotion, réussir, mais quelque chose me dit que je vais échouer. » Quand on sait observer et écouter ces connexions internes, on sait comment une personne construit ses croyances limitantes.

Souvent les gens ont un ressenti à partir d'images internes qu'ils se créent. Il est essentiel de savoir de *quel type* d'image il s'agit. Il peut arriver qu'un détail subtil fasse la différence dans les sous-modalites qui déterminent la force du sentiment par rapport à quelque chose. (Le chapitre 3 explique comment mettre en lumière ces différences.) Pour savoir précisément comment intervenir, il faut rassembler assez d'informations comportementales de grande qualité.

De nombreux thérapeutes se bloquent dans leur travail avec la PNL. Ils croient que la PNL est si rapide que, s'ils mettent plus de vingt minutes pour régler un problème, ils sont mauvais. Cette croyance peut les aider à aller plus vite. Mais néanmoins ça vaut la peine de passer du temps à identifier les éléments critiques d'une croyance limitante. Le plus important n'est pas dans la manière dont les thérapeutes vont ajouter des ressources. Car l'apport de ressources, quel que soit la technique adoptée, est secondaire par rapport à la nécessité de savoir *ce qu'*on va changer. Les deux chapitres suivants parlent de la façon de mettre à jour la construction de la réalité et les croyances d'une personne. Etre capable d'identifier la structure de la pensée permet de comprendre comment intervenir effectivement et précisément.

NOTES

1. Joseph Yeager, un animateur PNL et un auteur connu juge ces trois composants indispensables pour un changement efficace :
a) Vouloir changer.
b) Savoir comment changer.
c) Avoir la possibilité de changer.

2. A. Bandura, « Self Efficacy : Toward a Unifying Theory of Behavioral Change », *Psychological Review 84* (1977), p. 191-215.

3. Irving Kirsch, « Response Expectancy as a Determinant of Experience and Behavior », *American Psychologist*, November 1985, p. 1189-1201.

4. *a)* F.J. Evans, « The Placebo Control of Pain », *in* P.J. Brady *et al.*, *Psychiatry : Areas of Promise and Advancement*, New York, Spectrum, 1977.
b) « The Power of a Sugar Pill », *Psychology Today*, 1974-1977, p. 55-59.
c) « Placebo Response, Relationship to Suggestibility and Hypnotizability », Proceedings of the 77th Annual Convention of the APA (1969), p. 889-890.

5. L. Lasagna, F. Mosteller J.M. von Felsinger et H.K. Beecher, « A study of the Placebo Response », *American Journal of Medecine*, 16 (1954), p. 770-779.

6. *a)* G.A. Marlatt *et al.*, « Cognitive Processes in Alcohol Use », *Advances in Substance Abuse, Behavioral and Biological Research*, Greenwich, CT, SAI Press, 1980, p. 159-199.
b) Bridell *et al.*, « Effects of Alcohol and Cognitive Set on Sexual Arousal to Deviant Stimuli », *Journal of Abnormal Psychology*, 87, p. 418-430.

c) H. Rubin et D. Henson, « Effects of Alcohol on male Sexual Responding », *Psychopharmacology*, 47, p. 123-134.

d) G. Wilson et D. Abrams, « Effects of Alcohol on Social Anxiety and Physiological Arousal. Cognitive vs. Pharmacological Processes », *Cognitive Therapy and Research*, 1 (1977), p. 195-210.

7. *Ibid.*

8. Pour une description complète du méta-modèle, se reporter à John Grinder et Richard Bandler, *The structure of Magic*, 1, Palo Alto CA, Science and Behavior Books, 1975.

9. John Grinder et Richard Bandler, *The structure of Magic*, 2, Palo Alto CA, Science and Behavior Books, 1976.

2

Les stratégies de réalité

Chez l'enfant, le rêve et la réalité ne font qu'un et fréquemment, l'enfant affirme avoir vécu une expérience qui appartient en fait au domaine du rêve. Plus tard, de nombreux adultes doutent encore que cette expérience forte de leur enfance ait été réelle ou imaginaire. Il arrive aussi que nous soyons persuadés d'avoir dit quelque chose à quelqu'un qui nous affirme le contraire. Soudain on réalise qu'on avait prévu de le faire, qu'on s'était vu le faire, mais tout simplement, nous ne l'avons pas fait.

En tant qu'êtres humains, nous ne saurons jamais vraiment ce qu'est la réalité, parce que notre cerveau ne fait pas la différence entre l'expérience imaginée et l'expérience vécue remémorée. Les mêmes cellules servent dans les deux cas. C'est la raison pour laquelle nous devons avoir une stratégie qui nous permet de vérifier que l'information perçue par nos sens répond à certains critères alors que l'information imaginée n'y parvient pas.

Faisons une petite expérience. Pensez à quelque chose que vous auriez pu faire hier mais que vous n'avez pas fait. Par exemple, vous auriez pu faire les courses, mais vous n'y êtes pas allé. Puis pensez à quelque chose que vous êtes sûr d'avoir fait : parler à un ami, ou aller au travail. Contrastez bien les deux expériences dans votre tête. Comment déterminez-vous que vous avez vraiment fait une chose et pas l'autre. La différence peut être très subtile. Les qualités de vos images internes, les sons et le ressenti kinesthésique seront différents. En comparant votre expérience imaginée avec votre expérience réelle, vérifiez votre expérience interne. Les images sont-elles situées au même endroit dans votre champ de vision ? L'une est-elle plus claire que l'autre ? L'une est-elle animée comme un film et l'autre fixe comme une photo ? Y a-t-il des différences dans la qualité de vos voix internes ? La qualité de l'information transmise par nos sens est, d'une certaine façon, codée plus précisément dans le cas de l'expérience réelle que dans l'imaginée. Cette « certaine façon » est signifiante. Chacun de nous a une stratégie de la réalité qui met la différence en évidence.

Beaucoup de gens essaient de changer et de se reprogrammer en se visualisant en train de réussir. Pour tous ceux qui utilisent cette stratégie naturellement, ça marche. Mais cette programmation visuellle ne donnera rien à ceux qui se servent d'une voix intérieure leur disant : « Tu vas y arriver. » Par ailleurs si je veux vous convaincre de quelque chose, il faut que ma démarche corresponde aux critères de votre stratégie de réalité. Je dois la rendre cohérente avec la qualité de vos images, de vos sons, de votre vécu interne. (Nous appelons ces qualités des sous-modalités.) Si je vous aide à changer votre comportement, je dois être sûr que ça va vous convenir en tant que personne. Identifier votre stratégie de réalité vous permet de déterminer précisément la manière dont votre pensée se constitue et vous assure de la justesse de vos actions.

Démonstration d'une stratégie de réalité

ROBERT : Joe, pouvez-vous venir ici pour que je montre comment je mets à jour une stratégie de réalité.

(Au public) Nous allons rechercher chez Joe, quelle est sa séquence de représentations ou de vérifications internes pour déterminer ce qui est réel. En écoutant et en observant cette

démonstration, j'aimerais que vous gardiez présent à l'esprit un certain nombre de règles générales.

La première est de mettre le client autant que possible dans l'ici et maintenant lorsque vous décodez sa stratégie. Je veux engager Joe totalement dans un exemple spécifique de sa stratégie de réalité plutôt que de lui demander de se souvenir de quelque chose. Je vais utiliser le présent pour le maintenir dans un état d'association avec son expérience.

La deuxième règle, c'est le contraste, en mettant en opposition l'expérience que Joe sait être réelle avec celle qu'il sait être imaginée. Grâce au contraste je peux identifier ce qui est *différent* dans son processus de pensée, ce qui est identique ne m'intéresse pas. Car ce sont les différences que nous testerons pour être sûr d'avoir affaire à sa stratégie de réalité, par contraste avec d'autres stratégies.

(A Joe) Pour commencer, je voudrais que vous pensiez à quelque chose que vous avez fait qui ne présente pas de charge émotionelle, quelque chose de simple. Pensez à quelque chose que vous êtes sûr d'avoir fait hier.

JOE : J'ai pris le train et le bus pour venir ici.

ROBERT : Maintenant, pensez à quelque chose que vous auriez pu faire, mais que vous n'avez pas fait.

JOE : J'aurais pu manger une glace.

ROBERT : Vous auriez pu manger une glace mais vous ne l'avez pas fait. C'est totalement du domaine du possible.

JOE : Oh, en fait, attendez...

ROBERT : Vous en avez mangé une, hein... *(Rires.)* Qu'avez-vous mis dessus ?

JOE : Du granola[1].

ROBERT : Donc, vous avez mangé du granola. Qu'auriez-vous pu mettre d'autre sans le faire ?

JOE : J'aurais pu mettre une sauce au caramel.

ROBERT : Vous auriez pu mettre une sauce au caramel. *(Au public)* Ce qu'il y a de bien avec les stratégies, c'est que *le contenu n'a pas d'importance*. Croyez-moi, quand

1. Le granola est un mélange de céréales et de fruits secs concassés que l'on saupoudre sur de la glace, du yaourt, de la compote, etc. *(NdT)*.

on commence à définir ce qui est réel pour Joe et ce qui ne l'est pas, la distinction entre le granola et la sauce au caramel va être aussi signifiante que n'importe quelle identification de la réalité. Que ce soit une glace à la sauce caramel ou une dispute avec un proche, le contenu n'a pas d'importance. Le processus reste le même.

(A Joe) Comment savez-vous que vous avez pris le train et le bus, et que vous avez mis du granola plutôt qu'une sauce au caramel ? Comment savez-vous que vous avez bien fait l'un et pas l'autre ?

(Au groupe) Observez-le bien. Il va nous montrer la réponse.

JOE : Eh bien, je sais que j'ai choisi le granola parce que je suis passé par un processus pour m'en souvenir, et en me le rappelant, je sais que c'est ce que j'ai dû faire.

ROBERT : Voilà qui est intéressant. J'ai mis à jour beaucoup de stratégies de réalité, et généralement cette explication est donnée plus tard. Il a dit : « Je me suis souvenu du granola en premier, donc logiquement, c'est ce que j'ai dû faire. »

(A Joe) Comment savez-vous que vous êtes passé par ce processus, je veux dire, en étant assis ici et maintenant ?

JOE *(les yeux levés vers la gauche)* : Quand vous m'avez demandé de citer quelque chose que j'ai fait hier...

ROBERT : Vous avez visualisé..

JOE : Oui. *(Les yeux de nouveau levés à gauche.)*

ROBERT *(au groupe)* : Comme je l'ai déjà dit, les processus forment une *séquence*. J'ai vu que Joe faisait plus que simplement former une image, bien que ce soit le point de départ. Souvent, vous ne doutez pas de la première vérification de la réalité parce que, quand vous pensez à ce que vous avez fait, une seule chose vous vient à l'esprit, vous concluez qu'il n'y a rien d'autre. Vous ne vous posez pas de question sur *une* seule image, mais vous vous en posez si il y a deux images différentes.

(A Joe) Je vais vous demander ce que vous avez vraiment fait hier, et cette fois, je veux que vous visualisiez la sauce au caramel.

JOE : Je n'ai pas mis de sauce au caramel.

ROBERT : Je sais. Mais je vais vous demander de vous en faire une représentation. C'est comme ça que vous « savez » la différence. Au départ, quand je vous ai demandé ce que vous aviez fait hier, vous avez vu le granola, pas la sauce au caramel. Je vais vous demander de reprendre le même processus parce que je pense que vous avez davantage de vérifications mentales qu'une image de granola sur de la glace. Maintenant je veux que vous vous fassiez deux images, l'une d'une glace avec du granola et l'autre d'une glace avec une sauce au caramel. Qu'elles se ressemblent bien. Puis je vais vous demander « Qu'avez-vous mangé hier ? » et je veux que vous visualisiez la sauce au caramel avec les mêmes qualités internes que le granola.

JOE : C'est ce que je viens de faire pendant que vous parliez.

ROBERT : OK. Qu'avez-vous mangé hier ?

JOE *(sans congruence)* : Euh,... j'ai mangé une glace... avec euh, de la sauce au caramel.

ROBERT : Vraiment ?

JOE : Non.

ROBERT : D'accord. Comment le savez-vous ?

JOE : Bonne question, parce que j'arrive à me créer une image vraiment nette de la glace avec la sauce au caramel. J'en mange souvent. Ce n'est pas une image qui arrive de nulle part. Dans un sens, ça fait partie de moi.

ROBERT : Néanmoins vous savez que ce n'est pas ce que vous avez bel et bien mangé hier. C'est important, car vous avez deux images aussi nettes l'une que l'autre. Si je vous demande ce que vous avez mangé, vous pouvez voir l'une ou l'autre. Comment savez-vous ce que vous avez réellement mangé ?

JOE : C'est une bonne question. J'ai l'impression que ça ne vient pas que de l'image.

ROBERT : Pensez-y. Etes-vous sûr de ce que vous avez mangé ?

JOE : Euh... oui.

ROBERT : Bon. *(Rires.)* Comment en êtes-vous sûr ?

JOE : Je peux le situer dans un contexte.

ROBERT : Bien.

(Au groupe) Voilà un autre élément. Typiquement, la première association sur la question fournit le premier test de réalité. Bien que nous parlions de quelque chose de futile pour le moment, nous pouvons le resituer dans le contexte des croyances.

Si vous demandez à quelqu'un :

« Est-ce que vous écrivez sans faire de fautes ?

— Non, je fais des fautes.

— Comment le savez-vous ?

— Ça a toujours été comme ça. »

La première association, c'est ce qui surgit, quelle que soit cette association.

Puis Joe a ajouté : « Ce n'est pas seulement l'image qui me vient, c'est le contexte. » Voyons ce que le contexte signifie. A mon avis, en se basant sur les clefs d'accès de Joe, nous allons découvrir un film intérieur.

(A Joe) Peut-être vous êtes-vous vu vous servant du granola. Le granola ne va pas tout d'un coup se transformer en sauce au caramel parce que vous en avez une image fixe et précise, n'est-ce pas ?

JOE : Eh, non. Bonne déduction.

ROBERT : Bon. Que voyez-vous là haut ? *(en désignant la gauche, où Joe porte le regard)*.

JOE : Le dîner, le contexte c'est toute la scène, ma femme, ce que j'ai mangé, mais dans cette expérience, il n'y a pas de sauce au caramel.

ROBERT : Pouvez-vous l'introduire ?

JOE : Oui, d'accord.

ROBERT : Vous la voyez ?

JOE : Je l'ai bien en tête.

ROBERT : Qu'avez-vous mis sur votre glace hier soir ?

JOE : Du granola.

ROBERT : Comment le savez-vous ? Quand je vous ai posé la question, avez-vous vu les deux ? Comment en êtes-vous arrivé à cette certitude ?

JOE : Parce que je me suis entendu le dire.

ROBERT : Oh, parce que vous vous êtes *entendu* le dire. Intéressant. Vous avez une voix dans la tête qui vous dit ce qui est réel.

(Au groupe) Je vais continuer et à un moment vous allez voir le changement. Vous allez observer une confusion momentanée.

(A Joe) Vous entendez une voix...

JOE : Quand on était assis là, je vous ai *dit. (Joe appuie sur le mot « dit » pour indiquer une voix intérieure.)* C'était plutôt comme une habitude. Je vous ai déjà dit que j'ai mis du granola et...

ROBERT : C'est une habitude ?

JOE : J'ai dû le dire au moins une demi-douzaine de fois.

ROBERT : Qu'est-ce qui pourrait rendre la sauce au caramel aussi familière ?

JOE : Je l'aurais fait. Je me souviendrais de m'en être servi.

ROBERT : La répétition est un des moyens de rendre quelque chose réel et familier. De combien de temps auriez-vous besoin pour vous y voir et vous dire que vous avez bien mis de la sauce au caramel ? Six fois ?

JOE : Je ne sais pas.

ROBERT *(à Joe)* : Je vais vous demander six fois ce que vous avez mis sur votre glace hier, je voudrais que vous visualisiez l'image de la sauce et que vous me répondiez : « De la sauce au caramel. » D'accord ?

JOE : D'accord.

ROBERT : Qu'avez-vous mis sur votre glace hier ?

JOE : De la sauce au caramel...

ROBERT : C'était bon ?

JOE : Très bon...

ROBERT : Redites-moi ce que vous avez mangé hier ?

JOE : De la sauce au caramel. J'ai du me dépêcher pour la faire car je devais partir.

ROBERT : Qu'avez-vous mangé ?

JOE : De la sauce au caramel...

ROBERT : Attendons un peu.

JOE : C'est plutôt du beurre de cacahuète à vrai dire. *(Rires.)*

ROBERT : C'était très chaud ou...

JOE : Il vaut mieux la laisser refroidir un peu pour que la glace ne fonde pas trop. C'est délicieux.

ROBERT : Bien. Comment les images se rapprochent-elles maintenant ? Qu'avez-vous mangé ?

JOE : De la sauce au caramel.

ROBERT : D'accord. *(Rires.)*

(Au groupe) Nous n'avons fait que quelques essais. Les cassettes d'affirmation de soi utilisent la même stratégie. Répéter quelque chose suffisamment longtemps le rend plus réel.

(A Joe) Qu'avez-vous mangé hier soir ?

JOE : Du granola.

ROBERT : Comment le savez-vous maintenant ?

JOE : Les images sont différentes.

ROBERT : Pensez au granola. Pensez-y vraiment. Je veux que vous le visualisiez. OK. Maintenant visualisez la sauce au caramel. Visualisez-la bien. J'ai remarqué que la physiologie de Joe a changé. Quand vous visualisez ces deux choses, Joe, je veux que vous les voyez côte à côte. Sont-elles côte à côte ou se chevauchent-elles ?

JOE : Jusqu'à présent, je n'y ai pensé que séparément.

ROBERT : Quand vous visualisez le granola, où l'image apparaît-elle dans votre champ visuel interne ?

JOE : A peu près là. *(Gestes vers le centre gauche.)*

ROBERT : A peu près là. *(Répète le geste de Joe.)* Et quand vous visualisez la sauce au caramel, où est l'image ?

JOE : Je crois à peu près au même endroit.

ROBERT : Ici. *(Geste légérement à droite du repère indiqué précédemment.)* Y a-t-il quelque chose de qualitativement différent entre les deux images ? Comparez-les maintenant.

JOE : Je viens juste d'essayer de les rendre semblables.

ROBERT : D'accord. je veux que vous regardiez là et que vous visualisiez la sauce au caramel. *(Geste vers le centre gau-*

che.) Vous y êtes ? Qu'avez-vous mangé ? *(Long silence, Joe a l'air confus puis rires du groupe.)*

JOE : J'ai pris... du granola.

ROBERT : Bien.

(Au groupe) On peut maintenant observer un léger décalage dans le processus. Cette technique peut être poussée à l'extrême, mais ce n'est pas ce qui nous intéresse ici. Je ne fais pas ça pour que Joe perde ses repères de la réalité, mais pour les mettre en évidence. Imaginons que je veuille convaincre Joe qu'il peut vraiment changer. Si je veux qu'il ait autant de choix dans son nouveau comportement que dans l'ancien, il faut que j'identifie ses repères de la réalité. Or, pour définir la réalité, Joe ne peut s'appuyer que sur les représentations (images, sons et sentiments) stockées dans son mental.

Comme votre cerveau ne fait pas la différence entre une image construite (une image que vous vous fabriquez vous-même) et une image remémorée, vous pouvez imaginer la confusion quand vous traitez des événements survenus il y a dix ans. Dans le cas d'un rêve, il peut vous arriver de ne pas pouvoir décider si vous avez vraiment rêvé ou si vous l'avez inventé. Comment savez-vous ce qui est réel ?

JOE : Les distinctions de sous-modalités me paraissent très importantes pour établir les différences. Dans mon film interne, le contexte de la sauce au caramel n'est pas aussi clair, aussi précis, et....

ROBERT *(au groupe)* : Il nous explique quelles sont les prochaines étapes. Plutôt que de continuer cette démonstration, Joe peut explorer ses critères de réalité dans l'exercice suivant.

Je vous demande de faire cet exercice parce qu'il est souvent utile d'explorer la stratégie de réalité lorsque vous travaillez sur les croyances. Joe s'appuie sur des images, des sons, des sentiments qui lui traversent l'esprit en un éclair. Chaque fois que vous prenez une décision sur ce que vous croyez, vous ne restez pas assis à analyser ce qui se passe dans votre cerveau. Comment sont les sous-modalités ? Est-ce comme un film ou y a-t-il une voix ? Dans un film, on peut éprouver des sentiments et pas dans un autre. Vous n'arriverez pas à analyser consciemment les processus éphémères de la pensée. Typiquement vous identifierez la première image ou voix qui vous viendra à l'esprit, et c'est celle-là qui vous paraîtra réelle... Celle qui a été imprimée le plus profondément. Voilà pourquoi je pense que c'est important que chacun découvre sa stratégie de réalité propre. Tout le monde n'aura pas la même stratégie que Joe, c'est très utile de savoir comment chacun définit ce qui est réel.

Exercice de stratégie de réalité

Je vous propose de faire l'exercice suivant :

Première partie : *a)* Choisissez une chose sans importance que vous avez faite et une chose que vous auriez pu faire mais que vous n'avez pas faite.

Assurez-vous que cette dernière appartient bien au domaine des choses possibles. Vous auriez pu mettre du beurre de cacahuète sur votre glace, mais si vous n'aimez pas le beurre de cacahuète sur la glace, vous n'auriez pas vraiment choisi ça. Choisissez un exemple comme celui de Joe : une première chose que vous avez faite un certain nombre de fois et une autre que vous avez également faite souvent. La seule différence étant que vous avez vraiment « fait » l'une de ces deux choses hier.

b) Déterminez comment vous établissez la différence entre ce que vous avez fait et ce que vous auriez pu faire. Ce qui vient en premier à l'esprit est généralement la vérification la plus évidente de la réalité. Vous pouvez avoir l'image de l'une et pas de l'autre. Quand l'image est formée, vous pouvez remarquer les détails. Joe a parlé des différences de sous-modalité. Il en a fait un film puis a rajouté des éléments. Il dit que son film de la réalité était plus clair.

Deuxième partie : *c)* Choisissez deux choses qui se sont

produites durant votre enfance et déterminez comment vous savez que c'est vraiment arrivé. Vous allez vous apercevoir qu'il est plus difficile de déterminer ce qui s'est passé en ce temps-là. Dans le cas de Joe, nous avons choisi un événement qui s'était produit moins de *vingt-quatre heures* auparavant ; et nous avons réussi à changer la réalité. Avec un événement vieux de *vingt-quatre ans*, le processus est d'autant plus intéressant que les images sont moins claires, et peut-être même déformées. Parfois il arrive que les gens fassent la différence parce que les images des événements qui se sont réellement produits sont plus floues que celles qu'ils ont inventées.

d) Puis inventez quelque chose que vous n'avez pas fait, comparable à ce que vous avez fait. Quand les images de ce que vous auriez pu faire sont semblables aux images que vous avez réellement eues, changez de système de représentation, passez à l'auditif ou au kinesthésique. Par exemple, Joe est passé dans le contexte de la situation. Il a dit : « Je peux vérifier, car il y a quelques instants quand vous m'avez demandé quelle situation était réelle, je vous ai répondu celle du granola, et je m'en souviens. » Nous ne sommes pas encore intervenus sur ce souvenir-là.

Soyez attentifs quand vous commencez à transformer la représentation de ce que vous n'avez pas fait pour qu'elle resssemble à ce que vous avez fait. Je voudrais que vous arriviez au moins à être obligés de vous concentrer pour savoir quelle expérience était réelle, comme nous l'avons vu avec Joe. Nous ne cherchons pas à créer la confusion dans vos stratégies de réalité mais à découvrir les tests de réalité qui existent pour vous. Souvenez-vous que nous sommes en train de décoder une stratégie et non pas de la détruire. Rappelez-vous que la personne qui travaille sur ses stratégies de réalité peut arrêter quand elle veut. Certaines personnes prennent peur, entendent un sifflement ou se sentent étourdies. (Il existe différents symptômes.) Lorsque quelqu'un d'autre décode vos stratégies de réalité et joue avec, il est normal de lui demander d'arrêter quand cela devient désagréable.

Discussion

Laissez-moi vous parler d'une technique que John Grinder et Richard Bandler nous ont enseignée quand nous commencions la PNL. A la fin d'une journée, ils nous ont demandé de choisir une série d'expériences que nous avions faites (qu'elle aient réussies ou non) et de retrouver le moment où nous avions pris une décision quant à leur déroulement. Puis nous avons sélectionné trois comportements-ressources que nous aurions pu avoir et nous les avons fait passer par nos stratégies de réalité, rendant chaque choix comportemental aussi complet, brillant et stimulant que dans nos stratégies de réalité, au moyen des mêmes sous-modalités.

Que chaque comportement ait réussi ou non, nous avons acquis davantage de choix comportementaux. Lorsqu'il s'agissait d'une expérience négative, nous avons fréquemment découvert qu'agir un tant soit peut différemment aurait augmenté nos ressources. Je recommande d'ailleurs ce processus tout particulièrement dans le cas d'expériences négatives. Reprenez toute l'expérience, en vous assurant bien que toutes les étapes ont une issue positive. Quand vous vous trouvez de nouveau dans une situation comparable, plutôt que de revenir en arrière et de vous associer inconscienment à ce que vous avez fait la dernière fois (et la fois précédente et la fois précédente), vous réagissez d'une façon nouvelle car plusieurs choix s'offrent à vous pour prendre une décision.

J'affirme souvent que *« Le succès limite la créativité autant que l'échec »*, car quand vous vous souvenez d'un succès, votre souvenir revient avec toute sa force associée à une sensation plaisante. Vous allez probablement répéter le même comportement plusieurs fois sans explorer d'autres options. A ce stade, vous arrêtez d'être créatif et vous échouez quand vous vous trouvez dans une situation nouvelle où les vieux comportements ne marchent plus et vous n'avez pas de choix nouveaux.

L'industrie automobile américaine en est un très bon

exemple. Elle a remporté de nombreux succès pendant longtemps, mais maintenant elle semble incapable de réagir rapidement et efficacement à l'évolution des besoins et à la compétition internationale. Quelqu'un a dit que si l'industrie automobile avait changé autant depuis sa naissance que l'industrie informatique, une Cadillac couterait 2,75 $ et parcourerait un million et demi de kilomètres avec un plein. L'industrie informatique a changé et s'est perfectionnée pour s'adapter aux réalités et aux besoins nouveaux mais l'innovation de l'industrie automobile américaine *est un processus lent qui s'est longtemps appuyé sur ses succès passés.*

Questions

UN HOMME : Pendant le travail avec Joe, vous lui avez fait visualiser plusieurs fois la sauce au caramel. Pouvez-vous en dire plus sur ce genre de répétition ?

ROBERT : Je vais vous répondre en vous parlant d'un client.

J'ai travaillé avec une infirmière qui était si déprimée qu'elle voulait s'empoisonner avec ses deux enfants. Elle me dit qu'elle ferait n'importe quoi pour aller mieux. Je lui dis : « Premièrement, vous voulez changer d'état. Voyons si vous avez de bons souvenirs. » Bien entendu, comme la plupart des déprimés, elle répond non. Remarquez bien que je ne lui demande pas d'évoquer un souvenir, mais de *prendre une décision*. Ce que je dis au fond, c'est : « Triez dans vos souvenirs, trouvez-en un dont vous décidez qu'il est positif, et dites-le moi. » C'est une question très difficile et la réponse n'a rien à voir avec une mémoire défectueuse. Ce qui est en jeu, c'est la capacité à porter des jugements et à décider de ce qui est positif. Comme je veux changer son état, je lui dis : « Comment ce serait si, maintenant, vous pouviez respirer différemment, vous asseoir droite, regarder en haut à droite et imaginer quelque chose de positif ? »

Elle lève les yeux et commence à visualiser quelque chose

d'agréable. J'observe un changement très positif dans sa physiologie. Tout d'un coup, elle s'arrête, baisse les yeux et repasse dans l'état déprimé. « Que se passe-t-il ? Avez vous rencontré un souvenir désagréable ? Qu'est-ce qui vous a interrompue ? Qu'est-ce qui vous a arrêtée ? » — « Ça me fait drôle de lever les yeux, dit-elle. Je n'y suis pas habituée. » Réfléchissez bien à cette réponse. Voilà une femme si désespérée qu'elle voulait tuer ses enfants. Et pourtant elle s'est arrêtée de faire quelque chose qui lui faisait du bien parce qu'elle n'en avait pas l'habitude. Je lui demande comment elle saurait que c'est habituel. « Eh bien, parce que je l'aurai déjà fait auparavant. » Je lui ai fait lever les yeux une fois, deux fois, trois fois, et après une dizaine de fois, elle avait l'impression d'avoir cette habitude.

Ça a été un tournant dans sa thérapie. Le pouvoir de conviction de la répétition confirme la réalité de l'expérience, positive ou négative. La répétition est un moyen de rendre une expérience réelle et habituelle.

Il y a chez Joe une partie de lui-même qui peut décider laquelle de ses expériences est réelle, maintenant, parce qu'au cours du processus de décodage de sa stratégie (ceci n'a plus rien à voir avec hier), il nous a plus souvent dit qu'il avait pris du granola que de la sauce au caramel. Donc, le pouvoir de conviction de la répétition est très fort.

Si quelqu'un vous dit qu'il chante faux depuis trente ans, qu'est-ce que ça veut dire ? Est-ce la preuve qu'il ne peut pas chanter ? Non. Ça signifie simplement qu'*il s'y prend mal depuis longtemps*. Pas qu'il ne peut pas chanter. Je le souligne car la répétition de l'expérience est essentielle, à cause de ce que nous appelons l'effet de seuil. L'effet de seuil s'applique aux croyances, aux stratégies de réalité et d'apprentissage. Si je joue avec une petite lame de métal et que je la plie dans un sens et dans l'autre, elle reprend sa forme initiale presque totalement malgré les nombreuses manipulations. Si je la plie et la tords suffisamment longtemps, à un moment elle se casse. Maintenant, quoi que je fasse, elle ne reprendra pas sa forme orginelle, car elle a été poussée au delà d'un seuil. Je ne peux pas retrouver la lame de départ, sauf si je fais une soudure ou si je refonds les morceaux. Mes gestes lui ont imposé un changement radical. C'est la même chose quand on fait passer un client par un changement spectaculaire et que soudain son passé lui apparaît comme beaucoup moins réel que ce qu'il avait imaginé jusque-là. C'est une fonction du mode opératoire du cerveau.

UNE FEMME : Comment les stratégies de réalité s'apparentent-elles au « Générateur de Nouveau Comportement » ?

ROBERT : Dans cette technique, on se visualise en train d'agir avec de nouvelles ressources, puis on s'associe à la visualisation. Si on ne fait pas passer cette nouvelle expérience par le filtre de notre statégie de réalité, on fait juste semblant. Mais quelle est la différence entre faire semblant et changer ? Si on fait semblant pendant suffisamment longtemps, ça nous paraitra aussi réel que le reste.

UN HOMME : C'était essentiel pour moi de m'en tenir à ma réalité et de ne pas la changer.

ROBERT : Avez-vous jamais vécu une expérience où vous doutiez de la réalité ?

L'HOMME : Oui.

ROBERT : Dans ce séminaire, le but n'est pas de devenir confus quant à votre stratégie de réalité. Si vous vouliez changer cette stratégie, nous remonterions à l'époque de votre doute et je vous demanderais de revivre l'expérience avec les ressources adéquates. Nombre de nos croyances acquises ont été installées par nos parents, nos proches, des personnes importantes et probablement les médias avant notre cinquième anniversaire. Toutes ces gens ne savent pas nécessairement installer de bonnes stratégies de réalité. Un grand nombre de nos croyances ont été implantées en nous avant que nos stratégies de réalité soient bien développées. Ceux d'entre vous qui ont de bonnes stratégies avez soit eu de la chance, soit vécu de mauvaises expériences mais avec des alternatives. Finalement vous avez compris comment installer une bonne stratégie.

Bien que chacun d'entre nous soit sûr de la réalité, vous

seriez surpris de l'importance de la réalité que vous avez en fait construite vous-même. A une époque vous avez très probablement cru au Père Noël, maintenant vous avez changé. Vous agissez peut-être encore avec des croyances et des réalités qui ont été programmées quand vous n'aviez pas les ressources pour apprécier et décider de la qualité de l'information. Un enfant, par exemple, confond souvent rêve et réalité. Quelquefois les gens ont des stratégies de réalité si fortes que ça les limite pour utiliser leur imagination comme une ressource. Même quand vous savez ce que vous faites, c'est un équilibre très délicat.

Il arrive que les gens effacent de mauvaises expériences de leur mémoire, et prétendent qu'elles n'ont pas eu lieu. Ils les minimisent. Parfois au contraire, ils amplifient et exagèrent le passé bien au-delà de ce qu'a été la réalité.

Imaginez une personne qui, se basant sur « sa » réalité d'un événement il y a vingt-cinq ans, a pris des décisions qui ont influencé sa vie. Qu'arrive-t-il si vous modifiez le souvenir de cet événement ? Avant toute chose, vous pourrez être amené à travailler sur la croyance : « J'ai gaché vingt-cinq ans de ma vie à cause de la croyance que je m'étais faite. »

En voici un exemple. J'ai travaillé avec une femme dont les difficultés physiques et émotionnelle étaient devenus une question de survie. Une « voix interne » à l'origine de cette situation créait toutes sortes de problèmes. Nous lui avons donné des ressources concernant une expérience passée pour transformer son image corporelle ainsi que des ressources nouvelles pour la partie d'elle-même à l'origine de « la voix ». Une fois toutes ces ressources intégrées, ma cliente sombre dans une tristesse profonde, comme si elle avait perdu quelque chose. Je lui demande ce qui se passe : « Toute ma vie, répond-elle, mon but a été de survivre. Survivre a été un défi permanent. Maintenant que j'ai toutes ces ressources, c'est comme si une partie de moi-même disparaissait. Pour quoi vais-je vivre maintenant ? » Ce n'est pas mal d'en arriver là avec un client, car on peut dire : « Pour quoi voulez-vous vivre ? Que serait une mission valable pour vous ? Qu'est-ce qui vaudrait vraiment la peine de vivre au lieu de survivre ? »

Quand on fait vraiment du bon travail et qu'on aide la personne à créer un changement prégnant, la question de la mission, du sens de la vie, va probablement se poser, bien qu'on ne puisse en être certain au départ. En travaillant cette éventualité avant de traiter les autres problèmes, et en planifiant de nouvelles possibilités pour le client, le travail sera facilité.

Combien parmi vous luttent contre leur stratégie de réalité et se retrouvent bloqués en essayant de changer de comportement ? J'entends des gens dire : « Je donnerais n'importe quoi pour être différent, mais je ne veux pas me raconter d'histoires. » Ce qu'ils disent en fait, c'est : « Si j'intègre cette nouvelle croyance sur mon comportement dans ma stratégie de réalité pour qu'il devienne aussi réel pour moi que mes autres comportements, je me raconte des histoires. » Que vous le fassiez ou non, vous êtes perdus. C'est une double contrainte. Même quand on vérifie la réalité de quelque chose de futile, comme le granola ou la sauce au caramel, on se retrouve confronté à des croyances ou à des conflits essentiels.

Comprendre les stratégies de réalité, ce n'est pas déterminer ce qui s'est vraiment passé dans votre vie. Il s'agit plutot de vous permettre de mettre en place une série de vérification des processus de décision ou du comportement avant que vous ne soyez prêt à croire que quelque chose de nouveau est vrai, ou avant d'être prêt à agir différemment. Vous n'entreprenez pas quelque chose tant que ça n'est pas clair ou tant que ça ne colle pas avec l'ensemble de vous-même.

3

Les stratégies de croyance

Les stratégies de croyance nous permettent de maintenir nos croyances. Comme les stratégies de réalité, elles répondent à un schéma cohérent d'images, de sons et de sentiments qui fonctionne largement au niveau inconscient. Ce sont des ensembles de procédures de preuves dont nous nous sevons pour décider si nous pouvons ou non croire en quelque chose. Cette preuve s'exprime généralement par les sousmodalités — la qualité des images, des sons et des sentiments. Essayez cette petite expérience : Etablissez les contrastes entre une chose en laquelle vous croyez et une en laquelle vous ne croyez pas. Observez les différences dans la qualité des images, des sons et du ressenti kinesthésique. Comment votre mental code-t-il ces différences ? La position des images est la plus commune, mais il en existe d'autres.

Les stratégies de croyance se distinguent des stratégies de réalité parce que nous ne pouvons pas les vérifier en utilisant des tests basés sur l'expérience sensorielle. Du fait qu'elles sont hautement structurées, elles peuvent durer toute une vie, et c'est tant mieux, car sans elles, notre compréhension de nous-mêmes et du monde ne serait pas stable.

Toutefois, le problème est le suivant : ces stratégies fonctionnent aussi automatiquement et durablement pour nos croyances limitantes que pour les croyances qui nous propulsent vers notre potentiel. Heureusement, elles ont une structure précise qui peut être décodée. Elles peuvent donc être modifiées aux niveaux les plus fondamentaux de notre pensée par une intervention consciente.

Démonstration d'une stratégie de croyance

ROBERT : Judy, pensez à une croyance que vous voudriez avoir sur vous-même, mais que vous n'arrivez pas à installer. Connaissez-vous ce genre de problème ?

JUDY : Eh bien, je travaille sur mon poids, c'est vraiment un problème pour moi.

ROBERT : Un gros problème, je parie. Où en êtes-vous ?

JUDY : Maintenant ? J'ai beaucoup de croyances conflictuelles. J'utilise tous les « je devrais » et les « je ne peux pas » dans cette histoire. Je suis très partagée.

ROBERT : Quel est l'un de vos « je ne peux pas » qui vous limite ?

JUDY : Je ne peux pas perdre de poids.

ROBERT : Vous ne pouvez pas perdre de poids. On va étoffer ça un peu, si je peux dire. Qu'est-ce que vous savez faire ?

JUDY : Je sais me servir de la PNL avec mes clients.

ROBERT : D'abord, on va faire une comparaison. qui nous permettra peut-être de recueillir toute l'information.

Pensez à perdre du poids pendant un moment. *(Judy se tasse sur son siège, soupire, baisse les yeux vers la gauche, et une tension s'installe autour de sa bouche.)* Maintenant, pensez à une séance de PNL avec un client où vous avez vraiment bien travaillé. *(Judy redresse les épaules, la tension quitte son visage, elle lève les yeux.)* Bien.

(Au groupe) Vous voyez que la différence dans la physiologie est spectaculaire, tant pour les clefs d'accès que pour le reste.

Je lui ai demandé de faire ça pour deux raisons. Premièrement, nous saurons en l'observant, si elle a changé de croyance quant à sa capacité à perdre du poids. Que verrons-nous ? Non pas la première physiologie mais la seconde, qui nous donne le moyen de vérifier si elle a changé de croyance ou pas. Les différences de physiologie nous fourniront un test inconscient et précis de notre travail. La deuxième raison, c'est d'obtenir un contraste entre l'état présent et l'état désiré et de trier les différences dans la physiologie.

(A Judy) J'aimerais que vous fassiez des comparaisons dans votre tête. Quand vous pensez à perdre du poids, comment y pensez-vous ?

JUDY : C'est une lutte.

ROBERT : C'est une lutte.

(Au groupe) Elle répète magnifiquement le contraste que nous avons observé dans sa physiologie. Ce qu'il y a de bien dans ce travail, c'est que les gens sont très systématiques dans leurs *patterns*. Nous avons vu cette physiologie plusieurs fois maintenant.

(A Judy) Qu'est-ce qui fait que c'est une lutte ? *(Elle reproduit sa physiologie associée à sa difficulté, les yeux baissés vers la gauche indiquant un dialogue intérieur.)*

ROBERT : Je vous crois. Ce n'est pas quelque chose que vous vous dites par hasard ?

JUDY : Sans doute.

ROBERT : Que vous dites-vous ?

JUDY : Qu'il faut que je fasse des efforts. Le seul moyen de perdre du poids, c'est de compter les calories et de noter tout ce que j'avale. Et alors, je sais que je vais avoir faim et me sentir mal.

ROBERT : Donc, quand vous vous décidez, vous comptez les calories, bien que ce soit dur et que vous dites que c'est une lutte. Où est le conflit ?

JUDY : Je fais ça pendant un certain temps, puis j'arrête.

ROBERT : Qu'est-ce qui vous fait arrêter ? Là maintenant où est le conflit ? Croyez-vous que ça va être dur et que vous ne le voulez pas ? Ou que ça va être dur et inefficace ?

JUDY : J'aimerais oublier tout ça et laisser mon corps s'occuper de lui-même. C'est ça ce que je voudrais.

ROBERT : Et vous ne croyez pas que c'est possible.

JUDY : Oui, c'est exact. Je crois que d'*autres* le peuvent parce que je les ai aidés à le faire. Mais *moi*, je ne peux pas. *(Mouvements de la main droite, alors que la gauche est immobile.)*

ROBERT *(au groupe)* : Remarquez qu'en parlant de ce conflit, une asymétrie apparaît dans sa gestuelle. Elle dit : « J'aimerais oublier tout ça et laisser mon corps s'occuper de lui-même » en utilisant les deux mains dans un geste symétrique... Puis elle passe à un geste asymétrique en disant qu'elle ne peut pas. Ces asymétries expriment généralement très bien les conflits intérieurs. Par exemple, quand un client me dit : « Je veux me battre », et que sa main droite repose complètement molle, cela montre qu'une partie de lui-même veut être aggressive et l'autre pas. La calibration de la symétrie corporelle apporte beaucoup d'informations. Ça ne signifie pas que chaque fois que quelqu'un ne montre pas de symétrie corporelle, j'en conclue qu'il vit un conflit, je m'en sers plutôt comme une double vérification. Si je n'observe pas de symétrie, je vais continuer les questions de vérification jusqu'à ce que le geste d'une main corresponde à celui de l'autre. Dans le cas de Judy, nous allons continuer de vérifier comment elle pense et exprime sa lutte en l'accompagnant de gestes.

(A Judy) Quand vous dites « Je dois compter les calories », ce sont les mots que vous entendez dans votre tête ?

JUDY *(lève les yeux vers la gauche, indiquant un visuel remémoré)* : Eh bien, c'est ce qui se passe d'habitude.

ROBERT : Quand vous pensez à compter les calories, voyez-vous quelque chose ? Est-ce que vous vous parlez, ou quoi ?

JUDY : Oui. Je vois le carnet pour décompter les calories, je cherche des informations que je note... *(Baisse les yeux vers la gauche, indiquant un dialogue interne, puis vers la droite indiquant des sentiments.)*

ROBERT : En vous voyant faire ça, vous ressentez apparemment des sentiments. Ressentez-vous quelque chose ?

JUDY : Oui. Par ailleurs, je me parle.

ROBERT : Si vous visualisez seulement le carnet de

décompte des calories, que ressentez-vous ? *(Judy se représente le carnet, se tasse et baisse les yeux vers la droite.)* Bien. Donc, le fait d'y penser peut déclencher ce genre de sentiment. Nous allons maintenant établir un contraste avec une session de PNL avec un client, le comportement dans lequel Judy *pense* être à l'aise.

(A Judy) Vous avez déjà fait de la PNL avec d'autres personnes, n'est-ce pas ? *(Judy passe instantanément dans la physiologie de ressources.)* Comment savez-vous que vous pouvez le faire sans y investir beaucoup d'efforts ?

JUDY : Oh, je le vois clairement dans ma tête.

ROBERT : Que voyez-vous ?

JUDY : Je vois la personne avec qui je travaille. Je vois la réponse et j'entends également un feed-back positif de la part de mon client.

ROBERT : Voilà un point intéressant. C'est ce que j'appelle pour rire le syndrome du thérapeute. Vous développez toutes ces capacités pour voir et écouter les autres. Mais quand il s'agit de vous, vous ne pouvez ni vous voir ni vous entendre — et vous vous perdez. Vous ne savez plus que faire. Ce n'est pas parce que vous vous y prenez mal, mais simplement parce que vous ne pouvez vous voir ou vous entendre et vous donner du feed-back à vous-même. Cela n'a rien à voir avec une quelconque incapacité.

(A Judy) Donc quelqu'un vient vous voir et vous explique ses difficultés. Comment savez-vous que vous pouvez l'aider ? Comment savez-vous ce qu'il faut faire ?

JUDY : J'ai une sensation.

ROBERT : Vous avez une sensation. Bon. Cette image interne où vous travaillez avec un client, ça marche bien, vous la voyez de vos propres yeux ? Ou bien d'une façon dissociée, à l'extérieur ?

JUDY : Non, c'est depuis mes yeux, comme si j'y étais.

ROBERT : Comment cette image se différencie-t-elle de l'image du carnet de calories ?

JUDY : C'est une image plus large. Et plus grande dans le sens de plus d'envergure.

ROBERT *(au groupe)* : Vous voyez la symétrie ? Judy agite les deux mains en décrivant la situation avec son client.

JUDY : Quand je pense au décompte des calories, je ne vois que le carnet et rien d'autre.

ROBERT : Que le carnet. Y a-t-il quelque chose d'écrit dessus ?

JUDY : Je vois les mots, la couverture, les couleurs... C'est comme une photo couleur.

ROBERT : Et quand vous voyez un client ? *(Elle change de physiologie et le groupe rit.)*

(Au groupe) Ça peut être un *pattern*. Nous avons une symétrie des mains avec le client et une asymétrie avec le décompte des calories. Là elle ne bouge que la main gauche.

Voyons ce que nous avons appris jusque-là. Nous avons rassemblé des informations sur la croyance de Judy, qu'elle « ne peut pas perdre de poids ». Quand je lui parle de perdre du poids, elle crée une petite image fixe avec un carnet de décompte des calories, et un sentiment négatif. Puis une voix lui dit : « Les autres peuvent perdre du poids. » Nous avons aussi remarqué l'asymétrie de ses gestes, quand elle parle de perdre du poids, de compter des calories et de faire des efforts, elle agite la main gauche. Mais quand elle dit : « Je peux aider les autres », elle bouge la main droite. Elle adopte également une posture cohérente de non-ressource chaque fois qu'elle pense à maigrir.

Nous avons établi le contraste entre ceci et ce qu'elle croit savoir faire, aider les gens par la PNL. Dans ce cas elle crée une grande image panoramique et elle entend le client comme si elle y était. Elle adopte une posture de ressource et bouge symétriquement les deux mains de façon congruente.

Nous avons découvert les *patterns* de son comportement associés à chaque croyance. Arrivé à ce point de ma récolte d'informations, j'aime que mon client identifie une autre croyance quant à ses capacités, quelque chose qu'il *peut* faire. Je collecte les mêmes informations quant à la physiologie, les mouvements des yeux, la posture, les images internes, les voix et les sensations afin de comparer et valider mes informations. Je veux trouver des patterns aux sous-modalités identiques entre la croyance qu'elle peut aider les gens avec la PNL et une autre croyance positive.

JUDY : J'ai pensé à quelque chose pendant que vous parliez. J'ai opéré un changement radical dans mes sentiments vis-à-vis de ma mère, qui s'est diffusé dans tous les domaines de ma vie.

ROBERT : Comment avez-vous fait ?

JUDY *(en riant)* : Je suis allée voir un thérapeute PNL.

ROBERT : Qu'a-t-il fait ? Qu'a-t-il changé dans votre opinion sur votre mère ? C'est *vous* qui avez changé, il vous a simplement aidée.

JUDY : C'est ma façon de vivre la relation avec ma mère qui a changé.

ROBERT : Ce thérapeute PNL ne vous a pas dit : « Changez de sentiment », et ça a changé. C'est ce que vous avez fait en vous qui a fait évoluer le sentiment.

JUDY : En fait, il m'a proposé d'écrire une lettre. Je pense qu'ainsi je me parlais à moi-même.

ROBERT : Comment est-ce que ça a changé votre perception ?

JUDY : Ça m'a aidée à entrer en contact avec une sensation que j'avais là quand... *(Judy lève les yeux vers la gauche.)*

ROBERT : Que voyez-vous ?

JUDY : Je vois toute la scène quand c'est arrivé.

ROBERT : Vous voyez ce thérapeute.

JUDY : Non, je me vois écrivant la lettre.

ROBERT : Vous vous voyez écrivant cette lettre, dissociée, comme d'une troisième position ?

JUDY : Oui.

ROBERT : Croyez-vous sincèrement avoir changé d'attitude envers votre mère ? Cela veut-il dire que vous pouvez changer d'attitude sur les gens en général ?

JUDY : Oui, parce que je *vois* que je peux intervenir dans de nombreux domaines de ma vie.

ROBERT : Parce que vous vous voyez cette capacité dans de nombreux domaines de la vie.

(Au groupe) Je l'ai entendue dire plusieurs fois une chose qui montre la similutude de ces deux situations, c'est la notion de grande image. Elle dit : « Je peux voir toute la scène » plutôt qu'une partie, comme dans l'image qu'elle se fait du carnet de calories. Observez bien la différence entre la concentration myope sur un détail par opposition avec toute la scène. Elle obtient bien moins d'information d'une petite image fixe que de l'image panoramique.

(A Judy) Quand vous pensez à maigrir, avez-vous une grande image ou juste ce carnet ? Vous avez aidé des gens à perdre du poids. Qu'est-ce qui vous permet d'aider quelqu'un à perdre du poids ? Comment vous y prenez-vous ?

JUDY : Ça dépend de la situation de mon client. J'utilise plusieurs techniques PNL.

ROBERT : Sans penser au contenu, quelque chose vous dit comment procéder ? Qu'est-ce que c'est ?

JUDY : J'ai simplement le sentiment de ce qu'il faut faire. J'enregistre ce que j'ai besoin de savoir pour passer à l'étape suivante. C'est presque intuitif, mais je sais que ce n'est pas de l'intuition... *(Nombreux rires.)*

ROBERT *(au groupe)* : A propos, l'un de mes buts dans la PNL, c'est d'aider les gens à fonctionner au niveau intuitif. S'il faut rester à réfléchir à chaque geste que l'on fait, ça prend beaucoup de temps et d'énergie. La PNL valide nos intuitions et nous aide à nous améliorer, c'est tout.

J'émets l'hypothèse que Judy rassemble suffisamment d'informations de la part de son client pour percevoir toute la scène et comprendre ainsi comment agir. Ici et maintenant je ne veux pas particulièrement qu'elle trouve une solution.Je veux arriver à lui *faire croire* qu'elle peut le faire. De toute évidence, ce n'est pas de rester assise devant nous qui va l'aider à maigrir. Mais si elle y croit, je pense qu'elle dispose des ressources nécessaires pour atteindre son but.

(A Judy) Vous voudriez penser que vous pouvez perdre du poids comme vous pensiez pouvoir résoudre votre problème avec votre mère, n'est-ce pas ?

ROBERT : Oui.

JUDY : Qu'est-ce qui vous empêche de voir l'image panoramique ?

JUDY : Quand je pense à mon poids, je me sens mal à l'aise. Si j'arrivais à voir toute l'image, je saurais peut-être quoi faire.

ROBERT : On va essayer de rendre votre stratégie limitante comme votre stratégie de succès, quand vous croyez que vous savez faire. Dans votre esprit, essayez de vous voir comme si vous étiez un client venu consulter. Représentez-vous vous-même et tout ce que vous avez fait par le passé pour maigrir. Entendez-vous décrivant toutes vos tentatives. Imaginez-vous en tant que client, vous disant à *vous-même* ce que vous m'avez expliqué *à moi.*

D'abord, représentez-vous l'image là, devant vous. Vous vous voyez ?

JUDY : Je vois ce carnet de calories en petits morceaux, mais j'ai toujours cette sensation...

ROBERT : Vous avez toujours cette sensation. Que faites-vous quand votre client n'arrive pas à se débarrasser d'une sensation ?

JUDY : Oh, j'ai des trucs. Je peux lui demander de se concentrer sur son ressenti. Puis je donne une pulsation et je la fais se déplacer. *(Sa physiologie passe à celle de la compétence.)*

ROBERT : Ça a l'air super. *(Rires.)*

(Au groupe) Pour moi, elle a toutes les ressources. D'ailleurs elle va me dire comment faire.

(A Judy) Pouvez-vous me dire comment perdre du poids ?

JUDY : Voyons si je vais y arriver. *(Elle lève les yeux vers la gauche, puis les baisse à droite pour avoir accès à son ressenti.)* C'est une telle sensation d'énormité.

ROBERT : C'est une sensation d'énormité. Que faites-vous avec un client qui éprouve une sensation d'énormité. Que feriez-vous faire à votre client ?

JUDY : Là aussi, ça dépend. Je peux le faire entrer dans « l'énormité » de la sensation, et jouer avec. Ou alors, si c'est justifié, je peux lui faire rétrécir cette sensation, la rapetisser.

ROBERT : Laquelle de ces deux techniques vous conviendrait le mieux ? Servez-vous de votre intuition maintenant.

JUDY : Parfois je pense que si je pouvais vraiment entrer dans cette sensation, j'aurais ce problème en main.

ROBERT *(au groupe)* : Je vais faire autre chose maintenant. Il est clair qu'il ne s'agit pas que d'une sensation, il y a aussi une image là-haut. *(Gestes en haut à gauche.)* Ça m'aiderait beaucoup de savoir quelle est cette image.

(A Judy) Retournez dans cette sensation et levez les yeux. Que voyez-vous ? Vous pouvez rester avec cette sensation, c'est peut-être quelque chose que vous voyez.

JUDY : Je vois cette énorme femme... Vraiment *énorme*. *(Judy est visiblement tendue.)*

ROBERT : Qui est-ce ?

JUDY : Elle m'influence.

ROBERT : C'est ce que vous voyez, et cette image a un rapport avec vous ? Elle est plus grande que vous. Elle crée ce sentiment d'énormité qui vous influence. Comment est-elle connectée à vous ?

JUDY : Je dirais que je suis sous influence.

ROBERT : Comment exerce-t-elle cette influence ?

JUDY : J'ai l'impression que cette énorme femme m'enveloppe tout le temps.

ROBERT : Donc, elle est là, c'est comme si elle vous enveloppait.

JUDY : Oui.

ROBERT : En gardant cette information en tête, je voudrais que vous preniez du recul par rapport à cette image, que vous l'éloigniez de vous. Mettez cette image de vous-même enveloppée par cette grosse femme là devant vous.

JUDY *(se détend)* : D'accord, oui. Je préfère qu'elle soit là.

ROBERT : Maintenant que vous voyez ce qui se passe là, de quelle ressource « Judy-enveloppée-par-cette-femme » a-t-elle besoin pour choisir ce qu'elle veut ?

JUDY : Ah, c'est intéressant. J'essayais de m'occuper d'*elle*. Je n'ai jamais pensé à m'occuper de *moi*.

ROBERT : C'est pourtant *vous* qui avez besoin des ressources.

JUDY : J'ai besoin d'être rassurée qu'elle n'est pas moi.

ROBERT : De quoi avez-vous besoin pour ça ?

JUDY : J'ai besoin de séparer les deux visuellement.

ROBERT : Allez-y. Si vous avez besoin de ressources, nous les ajouterons.

JUDY : Oui, d'accord. Je peux le faire.

ROBERT : Bien. Est-ce que « Judy-là-bas » a d'autres besoins ? *(En faisant des gestes.)*

JUDY : Je repense à cette histoire de croyances. Je *peux changer* ma croyance si je me sépare de cette énorme femme qui m'enveloppe. Je me rends compte que ma croyance pour perdre du poids n'est pas logique puisqu'elle repose sur ce sentiment, et sur la personnification que cette femme représente, quelle qu'elle soit.

ROBERT *(au groupe)* : Pendant que Judy calibre, on commence à observer l'apparition de l'autre physiologie, associée à ce que Judy croit savoir faire.

(A Judy) Je pense que vous disposez des ressources dont vous avez besoin. Votre croyance était sans doute bloquée parce que vous ne saviez pas ce que vous voyiez. Comme cette croyance limitante se manifestait visuellement, vous aviez du mal à voir ce que vous deviez faire *(gestes)* quand vous étiez enveloppée *(gestes vers l'intérieur)*. Il ne suffit pas de la réduire là en plus petites unités, vous deviez voir toute l'image. Je crois que l'essentiel de vos difficultés se trouvait à ce niveau.

En regardant là devant vous, pouvez-vous agrandir l'image ? Comment pourriez-vous contrôler cette influence ?

JUDY : Je peux utiliser un de mes exercices mentaux. Je m'en servais avec un client. Je peux séparer l'influence de l'image et ainsi voir ce que je dois faire pour perdre du poids. *(En faisant cet exercice, sa physiologie change totalement et se transforme en celle de « ce qu'elle croit savoir faire ».)*

ROBERT : Je pense que vous avez les ressources qu'il vous faut. Est-ce que vous croyez pouvoir perdre du poids ? On peut voir des techniques particulières sur la manière de perdre du poids par la suite. Rappelez-vous que, quand vous avez commencé à réfléchir à cette question, vous étiez en conflit.

(Au groupe) Je ne passe pas à l'étape suivante tant que je ne vois pas clairement un changement de physiologie comme celui-ci. J'ai su que j'avais avancé quand je lui ai demandé de repenser à son problème et qu'elle n'est pas retombée dans sa physiologie de non-ressources. Judy a maintenant une stratégie et une physiologie très différentes associées à l'idée de perdre du poids, si vous les comparez à celles du début de l'exercice.

Exercice d'identification des stratégies de croyance

Faisons un exercice. Pensez à quelque chose que vous croyez savoir faire et établissez les contrastes avec quelque chose qui vous limite. Déterminez les différences. Puis prenez la croyance limitante et rendez-la semblable à la croyance positive. Si quelque chose vous gêne, cherchez ce que c'est. Le but de l'exercice est de rendre la croyance limitante semblable à la croyance ressource. Utilisez toutes les techniques, tous les processus de changement possibles. Ce que vous allez faire peut très bien ne pas ressembler du tout au travail avec Judy en termes d'identification de l'interférence et de l'apport de ressource. Le but est que la croyance limitante ressemble le plus possible à la croyance positive.

Discussion

La plupart d'entre vous ont pu identifier les différences et créer le changement désiré rapidement. Certains ont trouvé de bons exemples d'expériences passées signifiantes qui les bloquaient (empreintes). Pour une discussion complète des empreintes et des techniques de ré-empreinte, reportez vous au chapitre 4.

D'autres ont rencontré de bons exemples de croyance dans la sphère « devoir être parfaits ». Ce genre de croyance peut vraiment détruire un individu. Avec cette croyance, vous vous dites : « Je l'ai fait, mais je ne l'ai pas fait parfaitement. » Même en réussissant quelque chose parfaitement mille fois, et en ne se trompant qu'une seule fois, le message, est que ce n'est pas parfait et les neuf cent quatre-vingt-dix-neuf autres réussites ne comptent pas. De plus, bien que vous ayez réussi, vous savez que ça n'est pas « vrai » parce que, si vous échouez la prochaine fois, tous les succès antérieurs seront effacés. Si vous vous comparez à Dieu, vous n'arriverez jamais à avoir un bonne image de vous-même. Dans ce genre de croyance, le critère de succès, inadapté, crée le problème.

Beaucoup d'entre vous ont sans doute remarqué que les croyances rencontrées impliquent une comparaison. Je vais vous donner un exemple. J'ai travaillé avec une femme qui avait une idée très précise de ce qu'elle voulait réaliser dans la vie. Plus elle se rappprochait de son but, plus elle se sentait mal de ne pas encore l'avoir atteint. Vous pouvez imaginer quelle contrainte c'était. Plus elle réussissait plus elle paniquait, plus elle se rapprochait de la perfection, plus les quelques étapes encore à franchir l'angoissaient. Dans son schéma de vie, cette femme commencait quelque chose, avançait, touchait presque au but et alors le stress devenait tel qu'elle craquait et abandonnait. Elle n'avait jamais totalement réussi quelque chose.

Le processus que nous venons de complèter s'avère très utile pour rassembler des informations. Grâce à cette technique d'analyse des contrastes, vous pouvez définir très précisément l'endroit où le changement doit intervenir. Cela épargne du temps et des frustrations dans votre travail avec des clients.

4

La ré-empreinte

Un client de Tim et Suzi avait peur des voyages en avion. Il avait essayé de nombreux traitements, sans succès. Ils l'ont fait entrer en contact avec le ressenti associé au fait d'être en avion, et ont installé une ancre kinesthésique en lui touchant l'épaule. (Les ancres sont des processus stimulus-réponse où un stimulus externe est associé à un état interne ou à un ensemble de représentations. Un exemple d'ancre naturel, c'est la chanson qui nous rappelle une expérience passée. Bandler et Grinder ont démontré que l'on pouvait également créer des ancres délibérément. Un état interne peut-être associé à une sensation tactile externe, à un son, ou à quelque chose que le sujet voit. Une fois que cette association est installée, on peut rappeler l'expérience interne à volonté. Quand on établit une ancre kinesthésique, on peut susciter et maintenir l'état interne en gardant le contact physique.)

Tim et Suzy ont suggéré à leur client que la sensation ancrée allait le ramener vers d'autres expériences de son passé au ressenti identique. Il se plaignit presque aussitôt « d'avoir un blanc ». En maintenant l'ancre très patiemment, ils lui ont laissé le temps de se calmer, lui expliquant que ce « blanc » avait un sens, lui conseillant de se détendre et de se concentrer. Pendant qu'il se relaxait, ils lui ont raconté une histoire, une métaphore thérapeutique : une nuit, ils ont cherché un chien dans leur quartier dans un brouillard si dense qu'ils n'y voyaient pas à trois mètres. Malgré ça, ils savaient intuitivement où chaque chose se trouvait, et ils ont pu retrouver ce qu'ils cherchaient.

Après environ dix minutes, leur client commença à voir des images fixes, comme des diapositives, dont il affirma qu'elles n'avaient aucun rapport avec sa phobie. La première image représentait un vieux monsieur tenant un bouquet de fleurs. C'était son voisin quand il était enfant. D'autres images apparurent que Tom et Suzi l'aidèrent à réorganiser, il leur raconta un incident.

Le client n'avait aucun souvenir conscient de cette aventure, bien qu'elle fût en rapport avec sa phobie, comme ils le constatèrent en explorant toutes les connections. Il jouait avec d'autres enfants dans un terrain vague derrière la maison du voisin quand ils découvrirent un vieux frigo abandonné couché sur le dos. En jouant, un des petits garçons s'enferma à l'intérieur et ne pouvait plus sortir. Dans son souvenir, le client de Tim et Suzi avait permuté les positions avec ce petit garçon et ressentait sa peur. Les autres purent aller chercher de l'aide et l'enfant fut dégagé sans dommage.

Quand le père de leur client arriva sur les lieux, il dit : « Que ça te serve de leçon. N'entre *jamais* dans un endroit d'où tu ne peux pas sortir. » Devenu adulte, cet homme se sentait pris de panique chaque fois qu'il était « piégé » dans un avion.

Après avoir dépassé l'impasse ou le blanc, ils ont utilisé le processus de la ré-empreinte développé dans ce chapitre pour lui permettre de voyager en avion. Maintenant il prend l'avion trois ou quatre fois par mois pour son travail et se sent tellement détendu qu'il dort souvent durant le vol.

Les empreintes et leur formation

Une empreinte est un événement significatif du passé au cours duquel une croyance ou un groupe de croyances s'est formé. Toutes les formes de guérison, tant physiques que psychologiques que je connais, confirment le fait que les comportements présents sont souvent créés ou modelés par les comportements et les circonstances de ces évenements passés. Ce qui est important pour nous, praticiens PNL, dans l'expérience passée, *ce n'est pas* ce qui s'est réellement produit, le contenu, mais l'impression ou la croyance que le sujet a construit à partir de cette expérience.

La notion d'empreinte vient de Konrad Lorenz qui a étudié le comportement des canetons à l'éclosion. Il a découvert que les canetons s'imprègnent d'une figure maternelle environ le premier jour de leur vie. Cela se fait par une sensibilité au mouvement, de sorte que si quelque chose bouge près du caneton à la sortie de l'œuf, il le suit, et cela « devient » sa mère. Lorenz bougeait et les canards le suivaient. Si plus tard, il essayait de les remettre auprès de leur mère naturelle, les canards ignoraient cette dernière et continuaient à suivre Lorenz. Le matin, après s'être levé, il sortait et trouvait les canards roulés en boule sur ses bottes au lieu d'être dans leur nid.

Une fois, raconte-t-il, une balle de ping-pong a roulé près de l'un des œufs en train d'éclore et le caneton s'est imprégné de la balle, il en fit sa « mère ». Devenu adulte, le canard se détournait de ses congénères à la période des amours et essayait de monter divers objets de forme ronde.

Konrad Lorenz et son école pensent que les empreintes se font à des périodes neurologiquement critiques, et ce qui a été imprimé à ce moment-là demeure de façon définitive.

Timothy Leary a étudié le phénomène de l'empreinte chez l'homme. Il affirme que le système nerveux est plus complexe chez l'humain que chez le caneton et chez d'autres animaux. Dans certaines conditions, il a montré que l'on peut accéder au contenu de l'empreinte qui avait été pratiquée à une période critique plus ancienne et la reprogrammer ou la ré-imprimer.

Leary a également identifié plusieurs périodes critiques de développement chez l'humain. Les empreintes établies à ces moments créent des croyances fondamentales qui modèlent l'intelligence et la personnalité de l'individu. Les périodes critiques touchent à des croyances concernant la survie biologique, les attachements émotionnels et le bien-être, l'agilité intellectuelle et le rôle social, le goût esthétique et la « méta-connaissance » ou conscience de ses propres processus de pensée. Dans ces conditions, les problèmes de santé peuvent remonter à des croyances fondamentales et à des comportements de soutien installés durant la période de survie biologique, alors que les phobies prendraient racine dans la période de bien-être émotionnel. Les handicaps d'apprentissage dériveraient de la période de l'agilité intellectuelle, et ainsi de suite.

J'ai mis au point cette technique de ré-impression PNL à la suite d'une série de séminaires que j'ai animés avec Timothy Leary. Travailler avec lui m'a permis de comprendre que certains épisodes traumatisants de mes clients étaient de bien trop mauvais souvenirs pour être traités par des techniques simples d'intégration. Souvent ces empreintes à l'origine de croyances et de l'identité forment la pierre angulaire de la personnalité. Elles exigent une approche différente afin d'influencer la personne de façon appropriée et durable.

Les empreintes peuvent être des expériences « positives » significatives qui génèrent des croyances utiles, elles peuvent aussi être traumatisantes, ou problématiques et donner naissance à des croyances limitantes. Typiquement, mais ce n'est pas toujours vrai, elles impliquent la modélisation inconsciente de personnes importantes pour le sujet.

Comparons le comportement des canards et les mauvais traitements que l'adulte inflige parfois à l'enfant. La recherche prouve que souvent les gens maltraités dans leur enfance entrent inconsciemment, une fois adultes, dans des relations qui reproduisent leur expérience d'enfant. Par exemple, les fillettes maltraitées, devenues femmes, épousent souvent des hommes qui les violentent. Les hommes qui, enfants ont été battus, battent leurs enfants. Si leur mère les battait, ils vont s'engager dans des relations où ils auront un rôle inférieur. La recherche montre que les femmes battues par leur mère sont plus susceptibles de recourir à la violence avec leurs enfants que les autres. L'empreinte apporte une explication à ces actes. Les gens maltraités dans leur enfance peuvent se créer une empreinte selon laquelle c'est là le comportement normal d'un père, d'une mère, d'un mari ou d'une femme.

Quand les canetons sont sortis de l'œuf, ils n'ont pas pensé : « Quelle drôle d'allure pour une mère, il faut que je vérifie ça ». Leur cerveau leur disait sans doute : « Voici comment sont les mamans » — les humains font la *même* chose.

La modélisation : adopter le point de vue de l'autre

J'ai travaillé avec une femme qui avait un cancer de la gorge. Elle pensait que sa gorge, en vérité tout son corps, ne lui appartenait pas. Elle avait l'impression que quelqu'un le lui avait dérobé. Après avoir ancré ce ressenti, je le lui ai fait utiliser pour se souvenir d'une expérience. C'était un souvenir de la petite enfance. Elle dit : « Ma mère me saisit à la gorge et elle me secoue. » En disant ça, pourtant, elle secouait les mains. Sa voix exprimait la colère, sans doute comme celle de sa mère, et non pas la peur d'un petit enfant. Elle n'avait pas le comportement de la petite fille, mais de l'agresseur, sa mère.

L'enfant vit une relation intense avec ses parents. Il s'imprègne de certaines croyances et comportements (les intériorise) et les reprend à son compte. Comme me dit une femme : « Quand j'étais petite et que ma mère me battait, j'étais troublée et je souffrais. Maintenant que je suis plus âgée, je m'identifie plus facilement à ses sentiments. Au lieu de la souffrance et de la peur que je vivais enfant, je sens la colère de ma mère. » Une autre femme m'a dit : « Par moments, je me sens possédée par ma mère. » En grandissant le corps change, et adopter le comportement de l'adulte paraît plus facile.

L'empreinte n'est pas nécessairement logique. Elle relève de l'intuition et se produit typiquement à des périodes critiques du développement.

Dans l'enfance, la plupart d'entre nous n'ont de leur identité qu'un sens très affaibli, c'est pourquoi nous jouons à être quelqu'un d'autre, et nous adoptons souvent un modèle, en bloc. C'est ainsi que nous nous retrouvons comme les canetons qui n'avaient pas beaucoup de discernement quant à leur mère.

Notre personnalité d'adulte est composée d'un amalgame des différents rôles dans lesquels nous avons grandi. Notre modèle d'adulte reprend les traits distinctifs d'autres adultes importants de notre histoire. Ces caractéristiques se sont figées en des débuts de croyances et de comportement que nous avons adoptés très tôt. Elles émergent quand nous mûrissons et sortons de l'enfance. C'est pourquoi, au cours du processus de ré-empreinte, il faut traiter non seulement avec la personnalité plus jeune du passé mais aussi avec les autres personnes impliquées dans la formation de l'empreinte.

J'ai travaillé avec une femme qui voulait faire davantage de gymnastique et modeler son corps. Alors qu'elle touchait au but désiré, elle réagit *très* fortement. « Qu'est-ce qui vous arrête ? » Elle répond : « Si je change comme ça, alors je vais *vraiment* m'aimer. » Cela ne me paraissait pas dramatique, je lui demande donc quel serait le problème. Elle ajoute : « Parce que si je m'aime, je perds les gens que j'aime. » Je lui demande alors d'où lui vient cette idée, car c'est une croyance. « Si je m'aime et m'occupe de moi, alors je vais perdre les autres. »

En fait, son histoire familiale comportait des précédents. Quand des proches faisaient quelque chose de bon pour eux, l'autre partenaire se sentait menacé et, ne pouvant faire face à la situation, rompait la relation. Quand ma cliente se représenta son avenir, un sentiment négatif à l'idée de se faire du bien l'envahit, lié au passé de ces autres personnes. Ce sentiment avait été modélisé sur d'autres. On peut ainsi développer des croyances limitantes fortes à partir de la vie d'autrui.

Identifier les empreintes et s'en servir

Quand on veut changer un système de croyances, l'obstacle principal c'est que l'empreinte se situe en dehors de notre conscience. Les comportements les plus chargés de sens sont généralement les plus habituels. Ce sont les comportements dont vous êtes le moins conscient. Quand vous utilisez une ancre kinesthésique pour remonter dans le passé, les premières expériences qui émergent ne sont pas les plus importantes. Vous approchez de l'expérience fondamentale lorsque vous vous sentez subitement confus et dites : « Je ne sais pas », « Je ne sais pas pourquoi je fais ça. » A ce stade, vous savez que vous touchez là quelque chose d'important. Ce stade, que j'appelle l'impasse, offre une ouverture intéressante et différente de celles que vous pourriez déjà avoir expérimentées précédemment. Vous savez que vous êtes arrivé à « la bonne adresse » pour identifier les circonstances qui ont donné naissance à la croyance limitante.

Les impasses

Si vous n'arrivez pas à identifier une empreinte associée à la sensation d'impasse, amenez la personne à imaginer une situation qui pourrait être associée à l'impasse. Vous pouvez lui dire : « Devine de quoi il s'agit. Si tu pouvais voir que verrais-tu ? » En général cela amorce le processus. Si l'épisode imaginaire que raconte le client véhicule la même intensité émotionnelle que la situation d'impasse, alors vous savez qu'il y a bien relation entre les deux.

Parfois, lorsque vous ancrez une émotion, même intense, et que vous la maintenez pour aider le client à remonter dans son passé, il peut arriver que le client arrive à un état de « vide », comme l'homme qui avait peur de prendre l'avion. Tout d'un coup, il n'y a plus matière à travailler. Certaines personnes ont appris à se dissocier de la douleur pour éviter ce qui peut surgir après. On peut ancrer ce vide ou cet état dissocié et remonter le temps à la recherche d'une empreinte signifiante. Vous devez procéder patiemment et souvent vous en serez récompensé. Le client commencera à voir des flashs qui lui permettront progressivement de reconstituer les circonstances de la situation d'empreinte.

Il existe une autre technique pour identifier l'empreinte quand une personne arrive à une impasse. Il s'agit de l'interrompre et d'ancrer un état de ressource puissant. Quelque chose comme le courage ou la puissance, un état fondamental qui peut servir de ressource dans de nombreuses situations. Puis, emportez cet état de ressource dans l'impasse pour que votre client puisse la dépasser.

J'ai souvent utilisé des histoires thérapeutiques (métaphores) comme une aide précieuse pour aller vers l'intégration. Si dans une impasse le mental conscient fait une chose et l'inconscient une autre, il est intéressant d'utiliser une métaphore surtout quand le client dit : « Ça n'a pas de sens. » Sur le mur de mon bureau, j'ai accroché une phrase d'Albert Einstein : « Tout devrait être aussi simple que possible, mais pas plus simple. » Je la cite souvent aux gens bloqués et je leur suggère que c'est en essayant d'aller trop vite ou de simplifier plus que possible qu'ils entrent dans la résistance. Les métaphores ont l'avantage d'être traitées par les deux hémisphères du cerveau, et ainsi elles créent des ponts d'une façon élégante. Même si la métaphore ne fait que répéter ce que vous venez de dire, sous forme d'analogie ou d'histoire, elle peut être comprise à un autre niveau.

Changement d'histoire ne comportant pas de modélisation de rôle

Certaines expériences d'empreintes ne comportent pas d'intériorisation évidente d'un proche. Je vais vous donner quelques exemples où il n'y a pas de permutation manifeste avec un modèle.

J'ai travaillé avec un cadre de trente-cinq ans qui avait réussi, mais qui faisait des fautes d'orthographe. Nous avons essayé de lui enseigner notre stratégie d'orthographe et à chaque fois, il échouait. Dès qu'il levait les yeux à gauche pour visualiser un mot, il associait une expérience où le visage de son institutrice lui apparaissait, le fixait et lui disait qu'il était nul. Il se sentait mal. Cette image « polluait » les canaux d'accès de sa mémoire visuelle, de sorte qu'il ne pouvait pas voir les mots, uniquement ce visage. Quand il essayait de visualiser les mots, il disait qu'ils ne restaient pas fixés là-haut dans sa mémoire visuelle, qu'ils disparaissaient. Son problème découlait de sa relation avec une autre personne significative, bien qu'il n'ait pas changé de position perceptuelle avec elle.

Nous avons recherché quelle intention positive sous-tendait l'attitude de sa maîtresse de CE2. Il a découvert qu'elle essayait de le motiver pour apprendre à épeler correctement. Comprendre l'intention positive de cette femme transforma la relation dans son esprit, et le visage n'avait plus de raison de rester suspendu là-haut. A la suite de cette découverte, il n'avait même plus besoin de vérifier les mots, les lettres se bousculaient littéralement. Il avait toujours su son alphabet et il savait épeler, mais il n'avait pas accès à la mémoire visuelle des mots à cause de cette interférence (le visage de l'institutrice). En la supprimant, les mots étaient enfin accessibles. Voilà un exemple d'expérience d'empreinte qui empêchait le sujet d'accomplir une fonction simple et le conduisait à croire qu'il était mauvais en orthographe.

Il y a peu, un plongeur professionel qui avait peur de plonger dans les eaux boueuses, m'a consulté. Il n'avait aucune idée des raisons de sa peur. En me parlant de son état présent, j'ai remarqué qu'il levait les yeux à gauche, signe évident qu'il formait inconsciemment une image. Bien qu'il eut un accès visuel, il dit que l'eau avait un *contact mou et giclait*. Quand je lui ai demandé ce qu'il voyait, il répondit : « Je ne sais pas, je ne vois rien. » (Souvent quand vous essayez d'identifier très précisémént les croyances, le sujet n'a qu'une conscience partielle de ses processus mentaux.) Je lui ai demandé de lever les yeux, d'exagérer le ressenti, de l'amplifier pour voir si une image lui venait à l'esprit. Tout d'un coup comme il exagérait ses sensations, une image remémorée surgit. A l'âge de douze ans, il jouait dans une rivière boueuse dans laquelle on recherchait un corps, et il a marché dessus. Voilà ce qui l'inquiétait dans les eaux boueuses. Mais la connaissance de cette empreinte passée ne le libéra pas de sa peur. Nous avons dû travailler le type de capacités, d'informations, et les autres ressources nécessaires à ajouter à cette expérience originelle pour la modifier.

Dans ce cas il n'y avait pas de permutation avec d'autres personnes, je n'ai pas eu besoin de faire une ré-empreinte complète, je n'ai fait qu'un ancrage. J'ai fait revenir mon client à cette expérience et j'ai augmenté ses possibilités de choix pour atteindre l'état désiré. C'était une étape simple mais qui fit toute la différence. Il a pu plonger en eaux boueuses avec les précautions appropriées.

Empreintes comportant des modélisations de rôles

L'empreinte implique généralement la modélisation inconsciente de proches. Le but d'une ré-empreinte est de vous donner davantage de choix dans la manière dont vous pensez à une expérience d'empreinte ancienne. Ils vous aideront à changer les croyances que vous avez fabriquées à propos de vous-même, du monde, de vos rôles et modèles de vie.

Pour réussir une ré-empreinte, vous devez ajouter les ressources dont vous auriez eu besoin au moment de l'expérience afin d'avoir plus de choix comportementaux. Vous devrez probablement aussi ajouter des ressources aux autres personnes impliquées. (Cf. Résumé du Processus de Ré-empreinte, étape 3 et 4, page 112.)

Démonstration d'une ré-empreinte*

ROBERT : Bill, voulez-vous vous présenter et nous dire l'objecif de votre présence ici aujourd'hui.

(Au groupe) Bill m'a dit qu'il était d'accord pour nous parler du contenu si cela était utile et approprié. J'utilise le contenu de différentes manières. Parfois il est utile d'obtenir un peu de contenu des expériences signifiantes (les empreintes) pour voir comment tout cela s'enchaîne. J'ai également besoin d'avoir un peu de contenu pour calibrer le ton de la voix, les clefs d'accès sensoriels, la physiologie, etc. qui sont associés au vécu. Quand je demande à quelqu'un de me parler d'une expérience, ce n'est pas la réponse verbale consciente qui m'intéresse. Je me concentre plutôt sur la posture corporelle, les clefs d'accès, le ton et le rythme de la voix, les gestes, et le langage utilisé. Je vous indiquerai au fur et à mesure de l'exercice quelles informations je recueille à partir de ces indices.

BILL : Je m'appelle Bill, je vis à San Francisco. A l'automne le docteur a diagnostiqué ce qu'on appelle un arc, une phase annonciatrice du sida. Pour le moment, mes symptômes sont banals, mais pris dans leur totalité, ils indiquent au médecin que mon système immunitaire joue à la roulette russe. Je suis également HIV positif.

ROBERT : Pourriez-vous me parler d'un état désiré pour vous.

BILL : Rester en vie.

ROBERT : Rester en vie. Bien. Maintenant, faisons travailler la matière grise. Rester en vie, c'est un beau morceau (« chunk »).

(Au groupe) Dans ces situations, je me vois souvent comme un voyagiste du comportement. Quelqu'un entre et

* Le passage suivant est la transcription complète d'une session de ré-empreinte avec un client, qui montre comment les ressources lui sont données ainsi qu'au modèle. Observez comment Robert pratique un va-et-vient constant pour maintenir le rapport et la compréhension. Ses commentaires à l'intention du groupe sont également des métaphores et des explications pour Bill. (Note de l'auteur.)

le voyagiste demande : « Où voulez-vous aller ? » Si le client répond : « Je veux rentrer à la maison », vous avez besoin de plus d'informations pour l'aider.

(A Bill) Quand vous pensez à ça, j'ai remarqué que vous levez les yeux. Voyez-vous une image ?

BILL : Bien sûr. Je me vois dans l'avenir. Je me sens bien et je n'ai aucun symptôme.

ROBERT : C'est une image dissociée. Le « aucun symptôme » est une formulation négative de ce que vous *n'aurez* pas. Si vous n'aviez pas de symptômes, comment seriez-vous ?

BILL : En bonne santé.

ROBERT : Qu'est-ce que vous feriez en bonne santé que vous ne faites pas maintenant ?

BILL : Physiquement, je me sentirais mieux.

ROBERT : Quand vous regardez cette image, avez-vous ce sentiment de « mieux » ?

BILL : Si je la regarde suffisamment longtemps.

ROBERT : Suffisamment longtemps ?

BILL : Je me vois en train de m'exercer au gymnase et je me sens mieux.

ROBERT : Bien. Comment pouvez-vous étendre ça à d'autres contextes de votre vie ? Vivriez-vous différemment votre vie professionelle ou privée ?

BILL : Je passerais beaucoup plus de temps avec des gens. Récemment, je ne me suis pas senti assez bien pour sortir souvent.

ROBERT : Vous passeriez plus de temps avec des gens.

BILL : M'amuser avec eux.

ROBERT : Vous pensez à des gens précisément ? Je n'ai pas besoin de noms.

BILL : Oui, des amis et des collègues de travail.

ROBERT *(au groupe)* : Remarquez que nous avons maintenant une image élargie. Il a commencé avec une image de lui-même en bonne santé s'entraînant dans un gymnase. Nous voulons qu'il élargisse sa perception de cette image. On pourrait lui demander : « Si vous êtes en bonne santé dans cette image, qu'est-ce que ça signifie pour le reste de votre vie ? »

Nous devons vérifier les problèmes d'écologie des autres aspects de sa vie et nous en occuper. Parfois être en bonne santé signifie pour une personne qu'elle va vraiment vivre la vie qu'elle a envie de vivre. Lorsque vous travaillez avec des clients qui cherchent à se défaire d'une habitude, on entend souvent : « Si j'arrête de fumer, je pourrais enfin faire tout ce que j'ai toujours voulu faire dans la vie. » En clair, l'enjeu est autre que s'arrêter de fumer, car arrêter quelque chose, c'est lourd de sens. La santé, pour Bill, c'est bien plus que s'entraîner au gymnase.

(A Bill) Qu'est-ce qui doit changer dans votre corps pour vous garantir une bonne santé dans les années à venir ? Représentez-vous l'intérieur de votre corps maintenant et représentez-vous également en quoi vous seriez différent si vous étiez Bill-en-bonne-santé. Comparez ces deux images.

BILL : Mon système immunitaire serait plus fort.

ROBERT : Comment exactement ? A quoi ressemblerait-il ?

BILL : Je ne sais pas. Je pense au modèle Simonton, les petits Pac Men.

ROBERT : Le modèle Pac Man du système immunitaire.

(Au groupe) La première remarque de Bill, c'est qu'il ne s'est jamais représenté ça auparavant. Il dit : « Je ne sais pas à quoi ça ressemble. » Il se précipite sur un modèle où ses Pac Men (système immunitaire) seraient plus fort que le virus ou quelque chose de ce genre.

Qu'est-ce que le sida et comment agit-il ? C'est un virus qui présente un paradoxe. Il attaque certaines cellules du système immunitaire. Si on essaye de visualiser ces cellules, on attaque en fait son propre système de défense interne. Le virus du sida infecte les lymphocytes T4 du système immunitaire dont le rôle est de trier entre ce qui est bon pour l'organisme et ce qui doit être éliminé par d'autres cellules immunitaires. C'est pourquoi la sensibilité aux infections augmente quand on est HIV positif. Ce n'est pas parce qu'on a moins de Pac Men, ils ne sont pas atteints. Les cellules décisionnaires le sont. Le défi, c'est qu'il faut se débarrasser de certaines cellules de son sytème immunitaire pour pouvoir renforcer celui-ci.

Donc la question n'est pas d'avoir davantage de Pac Men. La question, c'est que les cellules remplissent leur rôle. Il ne s'agit pas que les Pac Men dévorent, il s'agit de maintenir l'intégrité de votre personne physique. Beaucoup de gens sont atteints du sida sans présenter aucun symptôme. Ils peuvent ne jamais en avoir, ou bien les symptômes mettront des années à apparaître.

(A Bill) Pour être en bonne santé dans l'avenir, vous devez également accomplir certaines choses à l'intérieur de votre système immunitaire. C'est pourquoi je rentre dans ces explications, et je vous demande quelle image vous avez de votre système immunitaire.

BILL : Je comprends.

ROBERT : C'est votre sytème immunitaire qui détermine *ce qui est vous* et ce qui n'est *pas vous*. C'est une histoire d'identité. Parfois les problèmes immunitaires et les maladies renvoient aussi à des problèmes d'identité.

C'est une des raisons pour lesquelles je vous ai demandé : « Qui serez-vous en bonne santé dans l'avenir ? »

Je vais vous donner un autre exemple rapidement. Les sujets à personnalités multiples présentent souvent des réactions immunitaires différentes dans chaque personnalité. Par exemple, ils ont une allergie dans une personnalité et pas dans une autre. J'ai lu un article sur une femme qui n'était diabétique que dans une de ses personnalités. Or il existe un type de diabète lié à un dysfonctionnement du système immunitaire du pancréas, qui attaque les cellules pancréatiques productrices d'insuline. En changeant d'identité, de nombreux autres éléments, changent en bloc (comme notre système immunitaire).

(A Bill) Quelle image avez-vous maintenant ? J'ai donné beaucoup d'informations pour que vous puissiez vous faire une image de votre état présent.

BILL : Je vois une image de mon système immunitaire, mais ça ressemble plutôt à mon système circulatoire, avec les vaisseaux abîmés et rétrécis. C'est évident qu'il faudrait qu'ils se dilatent. Ça me paraît beaucoup plus réaliste que l'image Pac Man que j'avais auparavant.

ROBERT : Bien. Donc vous voulez voir vos vaisseaux s'ouvrir. Qu'est-ce qui les fait s'abîmer et se rétrécir ?

BILL : Moi.

ROBERT : Comment ?

BILL : Je ne sais pas. Mais d'une certaine façon dans ma tête, c'est moi.

ROBERT : Pourquoi feriez-vous ça à votre sytème immunitaire ?

BILL : J'ai des idées là-dessus. Plusieurs fois par le passé, je me suis servi de la maladie pour me faire aimer. Enfant, j'avais de l'asthme. Quand j'étais malade, on s'occupait de moi. Et actuellement aussi, on s'occupe de moi.

ROBERT : Ce que vous dites, c'est : « Je remarque que pour le moment je retire des bénéfices positifs. Attention. »

(Au groupe) Il nous dit aussi : « de l'asthme et des rétrécissements ». Voilà une corrélation. On pourrait s'occuper de ses stratégies pour obtenir de l'attention, mais je veux regarder ce qui se passe au niveau des croyances sous-jacentes. La différence est là.

(A Bill) : Croyez-vous pouvoir faire ce qui est nécessaire pour atteindre cette bonne santé dans l'avenir ?

BILL : J'essaye. Ça fait deux ans que je fais de la PNL et pour le moment, j'ai l'impression que ça ne marche pas pour moi. Mais j'ai vu son efficacité sur d'autres. Je m'en suis même servi avec d'autres avec succès, mais rien n'a l'air de marcher pour moi.

ROBERT *(au groupe)* : Voilà un excellent indice de la présence d'une croyance limitante. Quand un praticien PNL demande : « Comment identifiez-vous une croyance ? », je lui propose de choisir un comportement que le sujet essaie de changer depuis longtemps en vain. Quand Bill parle de ce qu'il veut, il regarde en haut et à droite. Quand il parle de ce qui l'arrête, il fait un geste comme ça. *(Pousse avec la main vers le bas en arrière à gauche.)* Nous recherchons maintenant ce qu'il fait quand il dit « Oui » par opposition à « Non ». On n'interprète pas, on observe simplement.

(A Bill) Vous disiez que vous ne croyez pas pouvoir changer, cependant vous êtes là, face au groupe. Quelque part, vous croyez qu'il encore possible d'obtenir les changements que vous espérez.

BILL : Je crois que je peux changer. Simplement, je n'ai pas encore compris comment. C'est ce que je veux dire par : « Je ne peux pas changer. »

ROBERT : Quand vous pensez à vous par rapport à votre état désiré, quel est l'obstacle en travers du chemin ?

BILL : Pour le moment le travail de changement que j'ai entrepris ne m'a apporté aucun résultat.

ROBERT : Alors, c'est seulement parce que vous n'avez pas de résultats ?

BILL : C'est un cercle vicieux

ROBERT : Nous allons explorer ça. Pensez à des choses que vous avez faites. Y a-t-il un moment où vous avez pensé obtenir un résultat ?

BILL : Je continue à penser que je vais en avoir mais ça ne donne rien.

ROBERT : Vous *pensiez* que vous *alliez* avoir des résultats.

BILL : J'espère. J'espère avoir des résultats, mais je ne *pense* pas que je vais en avoir. C'est différent.

ROBERT : Vous avez dit : « J'espère avoir des résultats. » C'est différent de penser que vous allez en avoir et différent de croire que vous allez en avoir. Vous espérez, mais...

BILL : Je *ne* sais *pas*.

ROBERT *(au groupe)* : Il a dit : « Je *ne* sais *pas* » et non pas « Je ne *sais* pas », qui est autre chose. Quand vous cherchez un résultat, il ne faut pas vous précipiter sur les premières informations. Vous recherchez un *pattern*. C'est le but de la PNL — trouver des *patterns* de comportement. L'un des moyens qui me permet de savoir que je suis en présence d'un *pattern*, c'est d'avoir trois exemples du même indice non verbal. Quand je vois ou entends la même réponse, je sais que je suis sur la piste d'un *pattern*. En comparant trois fois la physiologie d'un sujet en état d'échec à sa physiologie de réussite, et en observant les mêmes phénomènes — j'en conclus qu'il y a *pattern*. Un autre moyen qui me permet d'identifier un pattern, c'est d'observer les cohérences comportementales qui accompagnent une même catégorie d'états internes. C'est un autre moyen d'obtenir une réponse quand le client dit : « Je ne sais pas ce qui me bloque », pendant que vous lui faites formuler son objectif. (Cf. Appendice.)

(A Bill) Quand vous avez commencé la PNL, vous croyiez que ce serait facile ou que ça ne marcherait pas ?

BILL : Au début, j'ai entendu des histoires extraordinaires. Je pense que je croyais que ça marcherait.

ROBERT : Remontons à la première fois. A propos de quoi vous en êtes-vous servi la première fois ?

BILL : Des douleurs dans le bas du dos. Je suis allé consulter un thérapeute PNL. Ça a soulagé la douleur pendant environ une heure.

ROBERT : Donc quelque chose s'est produit, et vous avez recommencé à souffrir. Qu'est-ce qui a fait revenir la douleur ?

BILL *(voix dans la tonalité auditive)* : Je ne sais pas ce qui a fait revenir la douleur.

ROBERT : A l'instant, vous aviez les yeux baissés à gauche, ce qui indique géneralement que l'on pense en mots. Vous vous répétiez simplement la question ou bien...

BILL : Non, j'étais seulement conscient de sentir mon dos.

ROBERT : Quand vous sentez votre dos, vous baissez les yeux à gauche. Baissez les yeux à gauche. Qu'a fait le thérapeute PNL ?

BILL *(regarde de nouveau en bas à gauche)* : Un « Générateur de Nouveau Comportement ». Vous vous observez agissant différemment dans une situation, puis vous entrez dans la visualisation pour vivre l'expérience, mais ça n'a pas marché. J'ai mon terroriste interne.

ROBERT : Vous avez votre terroriste interne. Quand vous en êtes-vous rendu compte pour la première fois ?

BILL : Je ne sais pas très bien. J'ai toujours beaucoup de mal à obtenir ce que je veux.

ROBERT : Il a dit : « *J'ai toujours beaucoup de mal à obtenir ce que je veux.* » C'est l'expression type d'une croyance.

BILL : Oui, et cela a eu des conséquences terribles dans ma vie.

ROBERT : D'où vient cette croyance ? Vous voulez vraiment vivre avec ?

BILL : Non.

ROBERT : Comment se fait-il que vous l'ayez toujours ?

BILL *(frustré)* : Parce que le travail que j'ai fait pour changer ma croyance n'a rien donné.

ROBERT : A l'instant même vous regardiez en haut à gauche. *(Gestes.)* Que se passe-t-il ? Vos yeux étaient montés tout là-haut. *(Gestes vers le haut à la gauche de Bill.)*

BILL : Je commence à me sentir en colère.

ROBERT : Après quoi ? Regardez là-haut.

BILL : Je suis en colère parce que ma vie est difficile.

ROBERT : Que voyez-vous dans votre tête ?

BILL : Plein d'exemples des difficultés de ma vie.

ROBERT : Depuis quand ?

BILL : Depuis la puberté.

ROBERT : Restez là-haut. Vous avez dit que vous sentiez la colère monter.

BILL : Oui, la colère et la frustration.

ROBERT : En colère après votre vie. Quand vous voyez ces exemples, ça vous met en colère.

BILL : Non. Je suis frustré par ma vie, et ça me met en colère.

ROBERT : Vous avez parlé de frustration, puis de colère. En général la frustration apparaît quand on s'est donné un but, mais qu'on ne sait pas comment l'atteindre. *(Bill approuve de la tête.)* Vous êtes frustré par vous-même ou par les gens ?

BILL : D'abord par moi-même.

ROBERT : D'abord par vous-même. Je veux que vous repreniez cette image et que vous sentiez de nouveau cette frustration...

(Au groupe) Observez bien. Voilà une personne qui a

besoin d'une croyance qui le propulse vers la santé. Faire tout ce qu'il faut pour aller mieux peut être difficile, quelquefois dur, et quelquefois complexe. Bill nous a dit avoir de nombreux exemples de cas où il n'a pas obtenu ce qu'il voulait. Dès qu'il essaye de changer, il passe dans la frustration. Tous ces vieux souvenirs et ces vieux comportements lui reviennent à l'esprit et interfèrent avec ses tentatives pour obtenir ce qu'il veut. Vous vous rappelez que, pour atteindre un but, vous avez besoin de trois choses : *Vous devez le vouloir, savoir comment l'atteindre et vous donner la possibilité de l'atteindre.* Si vous croyez qu'il vous sera difficile d'atteindre quelque chose, vous aurez du mal à vous donner la possibilité de mener à bien tout ce que vous devez faire et de persévérer suffisamment pour atteindre votre but. Parfois persévérer est ce dont vous avez besoin, même au comble de la frustration.

(A Bill) Commençons par la frustration et la colère puisque ces émotions semblent être les premières. Vous avez dit que ça a commencé à la puberté. Prenez votre temps et pensez à combien tout était frustrant. *(Il ancre le sentiment.)* Remontez dans le passé avec cette frustration, peut-être y a-t-il des mots. *(Long silence pendant que Bill se souvient.)*

ROBERT : Que voyez-vous ?

BILL : Je préfère ne pas être spécifique.

ROBERT : Pas de problème. Y a-t-il quelqu'un d'autre ?

BILL : Oui.

ROBERT : Une personne en particulier ?

BILL : Euh, oui.

ROBERT : Vous voyez cette personne qui vous regarde ?

BILL : Non, je me vois avec elle.

ROBERT : Mettez-vous dans la peau de Bill à cette époque pour un moment. Quelles généralisations êtes-vous en train de faire dans cette situation ?

BILL : Je me dis que je suis mauvais. *(Long silence.)* Que je ne peux pas avoir ce que je veux. Que je ne mérite pas ce que je veux.

ROBERT : Que vous ne méritez pas ce que vous voulez.

BILL : Et que si je l'obtiens, je vais m'attirer des ennuis. *(Voix tremblante, reniflements et larmes.)*

ROBERT : Etes-vous en train de construire des croyances par rapport à cette personne ou par rapport aux gens autour de vous ?

BILL : Mon entourage me tomberait dessus s'il savait ce que je veux. Ça tourne autour d'être accepté culturellement, ce genre de question.

ROBERT : Etre accepté culturellement. Quelle est l'intention ? L'intention derrière l'idée que votre entourage va vous tomber dessus, s'il *sait* ce que vous voulez.

BILL : Je ne sais pas. *(Voix tremblante, émotion.)*

ROBERT *(au groupe)* : J'essayais de voir s'il existe des croyances ou des généralisations derrière l'intention.

(A Bill avec un changement de voix) Il est temps de sortir de ça. Revenez dans cette pièce. Robert, ici *(gestes vers lui-même)* et Bill, là. *(Gestes vers Bill. Rires.)*

Bien. Je voudrais maintenant que vous regardiez cette expérience de votre puberté. Placez-la suffisamment loin de sorte qu'elle soit bien détachée, et que vous ne vous sentiez plus du tout dedans. *(Gestes devant Bill.)* C'est ça... Regardez ce garçon et qui que ce soit d'autre impliqué là, en étant vous assis confortablement ici.

BILL *(long silence)* : Je peux les voir. *(Voix atone associée au fait de s'observer soi-même.)*

ROBERT : Quelles ont été les conséquences cette expérience pour vous depuis ?

BILL : J'en tire beaucoup de culpabilité. *(Regard vers la gauche.)*

ROBERT : Vous pouvez voir que vous en tirez beaucoup de culpabilité. Quelle croyance vous êtes-vous fait à ce propos ?

BILL : Que ce que je veux est mauvais, néfaste.

ROBERT *(au groupe)* : C'est légèrement différent de ce qu'il disait tout à l'heure. Avant, il disait : « Je ne *peux* pas obtenir ce que je veux. Je ne *mérite* pas de l'avoir, et si je l'*obtiens*, je serais puni. Si les gens *savent* ce que je veux, ils me puniront de toute façon. » Or maintenant il dit : « Ce que je *veux* est *mauvais*. » C'est en train de devenir une croyance limitante. Voilà un bel amalgame de croyances qui explique pourquoi il a du mal à obtenir ce qu'il veut.

Je voudrais souligner quelque chose. Les croyances ont tendance à se réaliser elles-mêmes. Quand vous essayez de discuter avec une croyance au présent, la personne se trouve confrontée avec tous les exemples accumulés qui la renforcent, « prouvent » son bien-fondé. Si vous remontez au moment de sa formation, les questions sont souvent plus simples et plus claires. En tout cas, elles ne sont pas amalgamées par des renforcements ultérieurs. Ce n'est pas tant ce qui s'est passé dans cette expérience durant sa puberté qui m'intéresse, que comment son système de croyance s'en est trouvé affecté. Car à cet âge particulier, on construit de nombreuses croyances sur soi-même, son identité et sa sexualité.

Vous vous souvenez que nous avons demandé à Bill de vérifier si cette expérience avait affecté d'autres croyances ou d'autres aspects de sa vie. Je lui demande cela pour plusieurs raisons. D'abord nous lui avons fait revivre l'empreinte pour pouvoir recueillir des indicateurs physiologiques. Je lui ai demandé : « Quelle sorte de croyance êtes-vous en train d'élaborer ? », pour pouvoir reconnaître un *pattern* dans le ton de sa voix. Il arrive que, quand on demande au sujet d'exprimer sa croyance par des mots, ce soit la première fois qu'il la verbalise. Par cette démarche, nous commençons à'impliquer une plus grande partie du cerveau dans le processus, ce qui nous aidera dans la recherche d'une solution.

La raison pour laquelle je demande de regarder l'expérience de référence avec du recul, c'est que au moment où elle a été vécue, elle a pu être déroutante ou bien une source de plaisir

Prenons l'exemple d'un enfant à qui un proche a fait subir des sévices sexuels. Quand on est petit, on ne sait pas toujours quoi penser. La croyance n'est peut-être pas née à ce moment, il faisait juste ce que Papa, Maman ou l'oncle Ernie lui disait de faire. C'est *plus tard* que la croyance se forme : « Je suis souillé(e) pour la vie. » On peut construire une croyance pendant ou après l'expérience d'empreinte.

(A Bill) Il y avait une autre personne importante pour vous.

BILL : Il y a eu aussi plus d'une expérience, en fait plusieurs sur un certain temps. *(Gestes vers la gauche.)*

ROBERT *(refait le geste)* : Un certain temps. Bon. Nous voulons savoir où c'est. Bill, je voudrais maintenant faire une ré-empreinte.

(Au groupe) Voyons ce que nous avons fait jusqu'à maintenant. Bill ressentait une certaine frustration associée à la croyance qu'il pouvait changer, et nous lui avons fait remonter le temps. Nous ne nous sommes pas intéressés au contenu de l'expérience, mais bien aux généralisations — les croyances — qui se sont formées.

L'empreinte peut être une expérience unique ou une répétition d'expériences, donc la personne croit que la réalité est comme ça. Je veux poser une question à Bill à propos de cette série d'expériences.

(A Bill) Votre sentiment d'être mauvais ne vient-il que de ce que vous viviez et ressentiez à ce moment ? Ou bien est-ce le jugement de l'autre ?

BILL : C'est le jugement de l'autre, qui est devenu le mien aussi plus tard.

ROBERT : Et le vôtre aussi plus tard. Dans l'empreinte, les croyances des autres personnes signifiantes jouent un rôle *aussi important* dans la création de la croyance que l'expérience elle-même. A la puberté, il est facile de rejetter l'opinion d'autres personnes signifiantes. Mais en grandissant, on met en place un système de croyance d'adulte, qui redonne de la vigeur aux croyances des autres.

Je voudrais que vous repassiez le film de cette expérience à la puberté, et que vous vous observiez vous-même et l'autre. Selon moi, Bill, quand vous parlez de votre terroriste interne, vous parlez de votre mental qui rejoue sans cesse certains aspects du comportement de l'autre. Mais vous le vivez en tant que *vous* et non pas en tant que l'autre. Je me demande de quelle ressource cet autre avait besoin. Je pense qu'il a participé à la création de vos jugements sur vous-même.

BILL : C'est de lui que je tiens ces jugements sur moi-même.

ROBERT : Essaye-t-il de vous faire croire que vous ne méritez pas ce que vous voulez ? Est-ce son intention ?

BILL : Non. Il essaye d'installer d'autres croyances en moi. Il essaye de me faire croire que certains comportements sont mauvais. Toutes mes autres croyances en découlent.

ROBERT : Quelle est son *intention* en faisant ça ? Veut-il vous déstabiliser ?

BILL : Non. il s'occupe de moi.

ROBERT : Il s'occupe de vous. S'il savait ce qui vous arrive maintenant, serait-il satisfait ?

BILL : Non. Il ne voudrait pas que j'aie une mauvaise opinion de moi.

ROBERT : Que faudrait-il lui donner pour qu'il réagisse différemment ?

BILL *(cherche dans sa tête)* : Plus d'ouverture.

ROBERT : Il a donc besoin de comprendre que des personnes différentes ont des modèles du monde différents. D'accepter davantage les autres. Bill, avez-vous jamais éprouvé ce sentiment dont nous parlons — s'ouvrir plus — vis-à-vis de quelqu'un ou d'une situation ?

BILL : Oui.

ROBERT *(au groupe)* : Je demande à Bill s'il a jamais eu cette ressource dont l'autre personne signifiante aurait eu besoin.

(A Bill) Je veux que vous vous souveniez très intensément d'un moment où vous éprouviez cette capacité d'ouverture. Retrouvez une expérience précise.

BILL *(long silence, hoche la tête)* : J'ai éprouvé cette capacité d'ouverture.

ROBERT *(ancre l'état de ressource)* : Prenez ce sentiment et donnez-le à l'autre. Cette personne est dans votre mental maintenant. Cette image, ce souvenir vient de votre mental. Prenez ça (il exerce une pression sur le point d'ancrage) et donnez-le-lui. Que fait-il de différent ?

BILL : Ça... Ce que je fais n'a pas d'importance. Il m'aime de toute façon.

ROBERT : Comment vous regarde-t-il en disant ça ? Comment le dit-il ? Comment le jeune garçon réagit-il ?

BILL : Il se sent formidable.

ROBERT : Quelle croyance crée-t-il ainsi ?

BILL : Je suis OK. Je n'ai pas besoin de me sentir coupable de ce que je veux. C'est bien d'être moi.

ROBERT *(fermement)* : *Que c'est bien d'être moi.* Faites défiler ce sentiment dans toute cette période de votre vie. Si vous l'aviez ressenti à l'époque... Comment les choses se seraient-elles passées ? Vous n'avez pas besoin de parler. Laissez votre inconscient passer en revue chaque expérience de cette époque à la lumière de cette croyance et de ce sentiment. *(Exerce une pression sur l'ancre.)* Nous savons que cette personne ne pouvait pas s'ouvrir, bien que ce soit une ressource que vous avez. Vous, vous pouvez vous la donner à vous-même. Vous pouvez mettre ce modèle à jour grâce à votre ressource, vous n'êtes pas obligé de vivre dans la frustration tout le temps.

Bill, ce jeune garçon,vous-même dans cette expérience, a aussi besoin de ressources que vous n'aviez pas à ce moment là. En le regardant de votre position actuelle, quelle croyance cette expérience vous apporte-t-elle ? Pensez à toutes ces croyances, je suis mauvais, je ne le mérite pas, etc. Je ne suis pas certain que vous vouliez construire de telles croyances à partir de cette expérience. De quoi ce jeune garçon avait-il besoin ? Quelles ressources avez-vous maintenant qui vous auraient permis de construire un ensemble de croyances différent à la puberté ?

Si vous regardez toute cette histoire maintenant, quelles croyances auriez-vous plutôt installées ?

BILL : Hum... Je peux m'accepter quoi qu'on dise de moi.

ROBERT : Bon. Vous pouvez vous accepter quoi qu'on dise de vous. Je crois que si vous aviez su que les jugements des autres expriment leurs modèles du monde et non pas le vôtre, cette expérience aurait pris un autre sens pour vous. Quand vous repensez aux opinions de cette personne, *avait-il raison* ? A propos, il n'atteignait même pas son objectif. Il ne voulait pas que vous vous construisiez des croyances limitantes. Il a agi ainsi mû par son propre système de croyances. Il faut savoir que les autres ont leurs propres modèles, et que ceux-ci ne doivent pas avoir d'impact sur vous.

BILL : Il était rempli de bonnes intentions, mais il était à côté de la plaque.

ROBERT : Je ne crois pas que vous aviez conscience de ça, enfant dans cette situation.

BILL : Non. Je croyais qu'il avait raison.

ROBERT : Vous croyiez qu'il avait raison. C'est plus sensé de dire : « Il était bien intentionné mais à côté de la plaque », ce que vous savez maintenant. Vous avez dit que vous vouliez être bien quoi qu'on dise de vous. Avez-vous vécu une telle expérience depuis ? Même si ça n'a duré qu'un instant ?

BILL : Oui, bien sur.

ROBERT : Pensez à un moment où vous vous sentiez bien. Vous étiez bien dans votre peau quoi qu'on dise de vous.

BILL : J'ai menti. Je n'ai jamais vécu ça.

ROBERT : Quelle est la fois où vous vous êtes senti le plus proche de cette ressource ? Ce qu'il y a de bien avec les ancres et les sous-modalités, c'est que l'on construit ce dont on a besoin.

BILL (se souvient).

ROBERT *(pratique un ancrage sur Bill quand sa physiologie change)* : Que se passait-il ?

BILL : Quelqu'un était furieux contre moi au téléphone, il était grossier, mais je savais que ca ne s'était pas passé comme il disait.

ROBERT : Bon. Comment le saviez-vous ? Qu'est-ce qui vous disait ça en vous ? *(Touche l'ancre.)*

BILL : Un sentiment là, ici. *(Désigne la région du cœur.)*

ROBERT *(touche l'ancre)* : Pouvez-vous amplifier ce *sentiment* ? C'est un sentiment positif. Si vous en faisiez une image, de quoi aurait-il l'air ? Aurait-il un son ?

BILL : Ce serait une lumière circulaire.

ROBERT : Que se passerait-il si vous la rendiez plus brillante ?

BILL : C'est plus agréable.

ROBERT : Et si vous l'amplifiez, pour qu'elle vous enrobe ?

BILL : Je commence à sourire.

ROBERT : Oui... Maintenant, je voudrais que vous preniez cette lumière *(touche l'ancre)* pour qu'elle éclaire votre histoire. Faites-la briller sur ce jeune garçon. *(Le rythme de la voix de Robert s'est accordé au rythme de la respiration de Bill.)* Faites briller cette lumière de cet endroit *(le cœur de Bill)* au même endroit en lui... De sorte que, bien qu'on lui dise toutes ces choses, le jeune Bill est en contact avec cette lumière de plus en plus brillante et plus forte. Je me demande comment il aurait pu réagir différemment face à l'autre. Lui aurait-il parlé et dit : « Je sais que tu croyais bien faire, mais tu es à côté de la plaque. »

BILL : Non. Le jeune Bill l'aurait laissé dire ce qu'il avait à dire, mais il n'aurait pas été touché par ces paroles.

ROBERT : Et l'autre, comment aurait-il réagi à ça ?

BILL : Il ne faisait pas vraiment attention à ce qui se passait dans ma vie de toute façon. Je pense que cela ne lui aurait fait ni chaud ni froid.

ROBERT : Vous aviez sans doute envie d'attirer son attention.

BILL : Oui, bien sûr.

ROBERT : Si vous aviez eu ça *(en exerçant une pression sur l'ancre)* auriez-vous obtenu l'attention dont vous aviez besoin, ou vous aurait-il fallu autre chose ?

BILL : C'était très difficile d'obtenir une attention positive de sa part.

ROBERT : C'est ce que je vais vous demander de faire. Je sens qu'on a besoin d'une autre ressource là, tant par rapport à l'expérience d'empreinte que par rapport à votre maladie. Vous avez dit tout à l'heure, que vous ne pouvez obtenir d'attention positive que quand vous êtes malade. Je me demande si, depuis que vous avez vécu cette expérience, vous avez réussi à recevoir de l'attention positive de quelqu'un ?

BILL : Oui.

ROBERT : Quelles sont ces ressources ? Pensez à un moment précis.

BILL : Quand je suis détendu, et que je suis moi-même, le sentiment d'être à l'aise avec les gens. *(La physiologie de Bill se transforme et exprime le bien-être. Robert ancre cette ressource sur le biceps de Bill.)*

ROBERT : Prenez et donnez ces deux ressources au jeune Bill. Ça fait une différence, n'est-ce pas ?

BILL : Obtenir son attention devient comme un jeu, un défi.

ROBERT : Ah, ah. Que fait-il ? *(Bill sourit.)* Prenons ces deux ressources *(touche les deux ancres)* et faisons briller la lumière sur toutes ces expériences du passé, mettons un peu de clarté. Emportez aussi cette ressource d'acceptation *(touche l'ancre)*. Assurez-vous que toutes ces ressources conviennent bien. Faites briller la lumière à travers tout cela, comme un rayon de soleil qui balaie toutes ces expériences. *(La voix de Robert passe à un ton et à un rythme hypnotique.)* Vous pouvez vous détendre, vous sentir en sécurité, calme, bien avec vous-même. Amusez-vous à obtenir ce que vous voulez.

BILL : Oui.

ROBERT : Il nous reste une chose importante à faire. Vous avez revécu tout ça de façon dissociée en vous *voyant*. Je voudrais que vous reveniez en arrière et que vous vous remettiez dans l'expérience. Souvenez-vous que je vous ai fait donner les ressources nécessaires à l'autre. Je veux que *vous vous mettiez dans sa peau* et que vous voyiez la scène de sa position. Mettez-vous à sa place avec cette ressource. *(Touche l'ancre comme Bill ferme les yeux.)* Dites ce que vous diriez armé de vos nouvelles ressources et voyez la scène avec ses propres yeux. Regardez ce jeune garçon face à vous qui construit son modèle du monde, en sachant que vous pouvez vraiment lui donner l'attention et le soutien dont il a besoin pour s'accepter, et accepter les autres. Quand vous avez fini, vous pouvez revenir ici... en prenant tout le temps dont vous avez besoin.

BILL *(soupire, ouvre les yeux, regarde Robert)*.

ROBERT : Il y avait ce jeune garçon, qui au fond de lui

avait besoin d'être accepté, de pouvoir se détendre, d'avoir confiance et de recevoir l'attention qui lui était nécessaire. Vous avez vu combien ça aurait été différent s'il avait eu cette ressource associée à la lumière, et aussi s'il avait pu recevoir l'attention dont il avait besoin.

Entrez dans l'expérience, Mettez-vous dans sa peau, emportez ça *(il maintient les ancres des trois ressources)*, voyez par ses yeux. Qu'il vous voie en possession de toutes ses ressources... et revoyez toutes les situations. Accompagnez-le jusqu'à Bill assis ici et maintenant. Prenez ces nouvelles croyances avec vous, ces nouvelles explications et semez-les dans ces expériences passées. Ce n'étaient que des échecs, ce sont maintenant des croyances nouvelles. *(Robert accorde le rythme de sa voix sur la respiration de Bill.)*

BILL : J'ai un trou par là. *(Gestes près de son oreille gauche.)*

Je n'entend plus les « tu es mauvais » mais j'ai un sentiment bizarre de « vide ».

ROBERT : Qu'aimeriez-vous mettre dans ce vide ?

BILL : Euh... Que je suis un homme sympa, ouvert, que je suis ce que je suis, et que c'est bien ainsi. Si les gens veulent me juger, c'est leur affaire.

ROBERT : Faites-le. Je veux que vous *entendiez ces mots*. Qu'ils remplissent le vide, résonnent et fassent écho. Répétez-les autant que possible, avec tous les sentiments que vous éprouvez. Que vous soyez frustré, heureux, en colère, n'importe quoi, vous savez que vous êtes un homme sympa, ouvert et que c'est bien ainsi. Si d'autres vous jugent, c'est leur affaire. Vous choisissez d'attirer leur attention. Dites le plus fort, amplifiez le son, remplissez ce vide. Bien. Maintenant, qu'est-ce que vous vouliez en venant vous asseoir ici tout à l'heure ? Quelque chose à propos d'être en bonne santé ? Cette image a-t-elle changé ?

BILL : J'ai l'air d'être plus solide et plus fort.

ROBERT : Le méritez-vous ?

BILL *(très congruent)* : Oui.

ROBERT : Allez-vous vous soigner dans l'optique que nous venons de discuter ?
BILL : Absolument*.

Questions

UNE FEMME : Vous avez demandé à Bill de se remémorer toute la scène, en se voyant lui-même et l'autre. Puis vous l'avez fait entrer en lui-même et dans la peau de l'autre pour se comporter avec plus de ressources. Pouvez-vous résumer la démarche ?
ROBERT : Vous venez de décrire l'essence de la ré-empreinte. Après avoir trouvé l'expérience d'empreinte, il faut donner des ressources à votre client et aux proches présents dans l'expérience. Rappelez-vous qu'on ne transforme pas l'autre personne signifiante, le client change sa propre représentation — la croyance qu'il a adoptée à la suite de son expérience d'empreinte. Quand on adopte plusieurs points de vue sur une situation, même sans ajouter de ressources, on crée une expérience différente.

Essayez ceci. Pensez à une expérience désagréable que vous avez eue avec quelqu'un, une dispute, ou quelqu'un qui vous a blessé. Souvenez-vous-en comme si cela venait juste d'arriver. Puis, détachez-vous et regardez la situation d'en haut, en vous voyant vous et l'autre personne. Regardez-la, observez le ton de sa voix, sa posture, sa façon de bouger et ses gestes, pensez à tout ce que vous savez de ces deux personnes dans leur relation actuelle et dans le temps... Laissez-vous glisser en elles, adoptez leur physiologie autant que possible. Revivez cet incident pleinement de leur point de vue, regardez-vous avec leurs yeux. Quand vous serez imprégné de leur expérience, pre-

* Au début de la démonstration, la couleur de la peau de Bill était pâle et grisâtre, et il se tenait tassé. A la fin du processus de ré-empreinte, la couleur de sa peau avait un reflet plus sain, et il se tenait assis droit. (Note de l'auteur.)

nez vos distances et revoyez la scène, regardez-vous... et l'autre. Puis revenez en vous-même comme si tout recommençait. Remarquez les différences.

De nouvelles informations et des points de vue différents transforment nos opinions. C'est un jeu de perspective très puissant, qui permet d'agir avec sagesse dans les prises de décision, les conflits, les négociations, et quand on fait le point de son histoire personnelle.

UN HOMME : Donneriez-vous à des criminels ou à des violeurs des ressources comme vous l'avez fait pour l'autre personne ?

ROBERT : Une des raisons de pratiquer des ré-impressions, c'est que le client comprenne de quel type de ressources les gens, y compris les violeurs, ont besoin pour résoudre ou éviter une crise. Souvent, quand une personne est victime d'un viol ou d'une forme de violence, elle ne veut pas donner de ressources à « cet enfant de salaud », car cela conférerait une certaine normalité à ce comportement. Elle est très en colère, avec raison. Ce serait comme pardonner ou excuser ce comportement et elle ne veut pas renoncer à son rôle de victime ou avoir l'air de lui permettre de racheter de telles actions.

En fait, apporter des ressources au coupable, ce n'est pas pardonner ou effacer la mémoire. Il est important que la victime comprenne de quelles ressources son agresseur aurait eu besoin pour pouvoir se comporter différemment. Souvent, quand on est victime d'une attaque quelconque, la croyance limitante se maintient grâce à la peur ou la colère. Donner des ressources à l'agresseur, c'est faire un geste pour l'aider, ainsi que sa victime, à dépasser leurs comportements. On ne peut pas approuver une action abominable.

Le plus souvent, c'est bénéfique d'installer les ressources nécessaires à l'agresseur *avant* l'événement qui a provoqué l'empreinte. Je m'explique : J'ai travaillé avec une femme dont la mère piquait des colères si violentes qu'elle tenait la petite suspendue dans le vide par la fenêtre du cinquième étage. Elle allait la laisser tomber et la tuer. Il aurait été ridicule de demander à ma cliente de quelles ressources sa mère aurait eu besoin dans cette situation. Je lui ai demandé de se repasser le film à l'envers, jusqu'au moment précédent l'incident, et j'ai installé des ressources là. Avec les ressources adéquates, la mère n'aurait jamais disjoncté de la sorte et menacé son enfant. C'est comme le travail avec une phobie. Le client doit se souvenir de l'épisode phobique *avant* que l'incident initiateur ne se produise, quand il se sentait encore en sécurité. II revoit alors le film de son expérience en état dissocié, et il peut ainsi s'observer revivant l'incident en sécurité.

Selon moi, la phobie est une sorte d'empreinte. Quand on travaille avec une phobie, il faut isoler la peur « en sandwich » entre des moments de sécurité. Ce principe s'applique à toutes les empreintes traumatisantes. Il faut aller de l'état ressource (ou du dernier état neutre) à l'empreinte traumatique puis à l'état ressource. Cette façon de travailler isole l'incident et lui donne une « fin » dans l'esprit du client.

UN HOMME : Certaines empreintes sont très traumatisantes. Est-ce que ce n'est pas un travail inachevé de laisser le client dissocié comme dans la méthode rapide de traitement des phobies ?

ROBERT : Souvent la méthode rapide de traitement des phobies est la seule chose à faire pour résoudre le problème. Souvenez-vous que vous réassociez le client dans la dernière partie de la méthode en lui faisant revivre le traumatisme « à reculons ». Freud pensait que la phobie est un exemple d'anxiété déplacée. Le client ressent une peur, ou une autre émotion, dirigée vers une personne signifiante. Pour soigner la phobie, il fallait d'abord mettre à jour la « vraie peur » et la traiter. Le problème de cette approche, c'est que les gens souffrent beaucoup jusqu'à ce que les relations soient clarifiées. Avec la PNL, on peut passer directement aux sentiments, de sorte que le client n'a plus à revivre ses peurs. Bien sûr il peut y avoir d'autres problèmes relationnels non résolus ou une autre empreinte qu'il faudra aussi traiter.

Dans la plupart des empreintes traumatisantes que j'ai rencontrées et qui évoluaient en phobie, une autre personne *était* impliquée. Je me souviens avoir travaillé avec une femme qui avait peur des papillons. Cette femme pouvait tenir une tarentule vivante dans sa main tranquillement, mais quand un papillon passait par là, elle craquait. A l'origine de sa phobie, elle avait été poursuivie, enfant, par un camarade qui tenait un bocal contenant un gros phalène tête de mort. Elle s'est sentie humiliée devant ses autres camarades, mais plutôt que de reporter sa colère et sa peur sur le petit poursuivant, elle l'avait déplacée sur le papillon. Je l'ai soignée avec le traitement PNL des phobies et j'ai supprimé sa peur, mais ça n'a pas résolu les autres difficultés rencontrées dans cette situation.

Certaines phobies demandent une intervention plus élaborée que de libérer le client de sa panique. Certaines se déclenchent quand les enfants sont laissés seuls et que quelque chose de mal se produit. Une femme avait peur de l'eau parce qu'elle avait failli se noyer en s'éloignant de sa mère qui lui donnait une raclée à la plage. La technique des phobies l'a débarrassée de sa peur de l'eau, mais bien évidemment, il a fallu traiter les autres aspects relationnels.

UNE FEMME : Quand vous faite une ré-empreinte sur un traumatisme ancien, ou quand vous avez résolu des structures conflictuelles d'identité, comment savez-vous que votre client dispose des stratégies adéquates pour continuer d'évoluer positivement. Comment savez-vous qu'il a les moyens d'obtenir ce qu'il veut ?

ROBERT : Je vais vous répondre par une histoire. David Gordon (animateur PNL et écrivain) et moi avons travaillé avec une femme qui avait une compulsion de propreté. Elle se lavait les mains sans cesse. Elle pensait que ce qu'elle appelait « des puces réelles imaginaires » allaient se poser sur elle. Elles étaient « réelles » dans le sens qu'elle les sentait se poser sur elle, mais « imaginaires » parce qu'elle était consciente que personne d'autre ne les percevait. Elle vivait cette malédicition depuis quinze ans et avait organisé sa vie en conséquence. D'une certaine façon, les puces dominaient sa vie. Elle avait soixante-douze paires de gants qu'elle portait dans différentes situations. Elle évitait certaines personnes plus que d'autres pour ne pas attraper leurs puces. Ses parents étaient particulièrement contaminés, et bien qu'elle les « aimât tendrement », elle limitait ses contacts avec eux. En tant que puces imaginaires, elles pouvaient faire des choses impossibles à une puce ordinaire, comme de se diffuser par téléphone. C'est pourquoi elle ne parlait jamais longtemps à ses parents au téléphone.

Au cours du travail, je lui ai proposé de soigner sa véritable allergie à ses puces imaginaires. Je lui dis que c'était de toute évidence une allergie, puisque, bien que les puces infestassent son entourage, les gens n'étaient pas atteints comme elle. Elle était simplement allergique aux puces comme d'autres au pollen. Ça a arrêté net sa réflexion sur les puces. Elle n'avait pas de croyance automatique sur les « vraies allergies imaginaires », je lui ai donc prescrit des pilules de sucre et j'ai soigneusement guidé ses pensées en lui expliquant que ces pilules allaient soigner son allergie.

La semaine suivante, elle arriva complètement désorientée car le traitement marchait. Elle ne savait plus quels vêtements acheter, car elle s'était toujours habillée deux tailles trop grandes de façon à ce que les manches couvrent ses mains et la protègent des puces. Elle ne savait plus comment traiter ses parents, comment cuisiner ou comment faire face à ses activités quotidiennes parce que la disparition de cette fixation sur les puces avait ainsi supprimé le principe organisateur de sa vie.

Elle avait besoin de stratégie pour toutes sortes de choses. Nous avons travaillé sur une nouvelle stratégie de décision, nous lui avons fait modéliser d'autres personnes pour acquérir de nouveaux comportements, et ainsi de suite. La morale de cette histoire, c'est que souvent après avoir aidé quelqu'un à changer une croyance limitante, ses vieux comportements ne vont plus, et il faut proposer de nouvelles stratégies.

Une des objections les plus stupéfiantes que vous pouvez rencontrer au niveau écologique, est particulièrement intéressante. Arrivé à un certain point de la procédure, le client dit : « Si je fais ce que vous me demandez, je vais vraiment changer ! » Les clients calent à l'idée de changer une image interne, de faire un squash visuel ou quoi que ce soit qu'on leur demande. Ils ne sont pas sûrs d'être prêts à changer d'identité.

UNE FEMME : Est-ce très important si une personne pense que l'empreinte est une expérience réelle plutôt qu'imaginaire ?

ROBERT : J'ai reçu la visite d'une femme qui avait rejoint un ordre religieux où la méditation et le célibat étaient la règle. Or chaque fois qu'elle essayait de méditer, elle voyait un gros pénis et elle n'arrivait pas à le faire disparaitre. Cela la préoccupait beaucoup. Tout le monde lui disait qu'elle était une sainte, mais elle pensait qu'elle était vraiment mauvaise.

Ce genre d'expérience est typiquement une communication de l'inconscient. Je lui ai proposé de chercher ce dont il s'agissait. De toute évidence, c'était une empreinte négative de sa petite enfance. Elle ne savait pas ce que c'était, et comme elle en avait peur, elle évitait d'y penser. Je lui ai demandé de prendre cette image bizarre, et de la projeter sur le mur, juste à la taille d'un timbre-poste. Elle était suffisamment éloignée d'elle pour se sentir dissociée. En commencant à la regarder, elle vit un homme et une femme dans une activité sexuelle — elle ne savait pas ce que c'était. En rapprochant l'image, le problème a surgi.

Elle pensait qu'enfant elle avait pu être violentée par son père, mais elle n'en était pas sûre. Elle n'arrivait pas à se souvenir et cela la troublait. Ce pouvait être une histoire que sa mère lui aurait racontée (d'un ton convaincant) sur sa grand-mère paternelle. Elle se représentait cet épisode, s'y associait, et s'y investissait affectivement, comme si ça lui était arrivé. Que ce soit arrivé à elle ou à sa mère ne comptait pas, puisque, *dans son expérience, c'était réel*. Elle n'avait jamais regardé ce problème en face. C'était seulement quelque chose de sombre, de mauvais, d'énorme. Elle imaginait un grand nombre de possibilités. A la fin, je lui dis que ça n'avait pas d'importance. Ce qui comptait, c'est qu'elle manquait de ressources. Je lui ai fait jouer chaque éventualité comme si c'était « la vraie » et je lui ai demandé de trouver une solution pour chacune. Voilà une personne qui pendant vingt-cinq ans s'était construit un style de vie sur une expérience dont elle ne savait même pas si elle était réelle ou subjective. C'est pourquoi, souvent, ce qui s'est « vraiment passé » n'a pas d'importance.

UN HOMME : Après une ré-empreinte, comment savez-vous ce qui est vraiment arrivé ?

ROBERT : En fait, c'est donner aux gens la possibilité de réactualiser ce qu'ils ruminent dans leur tête. Il ne s'agit pas de troubler leur sens de la réalité, mais de leur permettre de re-vivre l'expérience sans la cicatrice ni l'impact négatif. On finit avec des croyances différentes, des ressources différentes et l'empreinte y gagne un sens totalement autre.

Nous n'essayons pas d'effacer ce qui s'est passé, parce que ce n'est pas le contenu de l'empreinte qui fait la différence de toute façon. C'est ce que vous avez appris, et la certitude que, maintenant, vous avez les ressources nécessaires.

Synthèse du processus de ré-empreinte

1. A) Identifiez les sentiments particuliers (les mots, les images) associés à l'impasse. Installez une ancre. La plupart des gens veulent éviter ces sentiments car ils sont désagréables. Mais il est important de se rappeler que l'évitement ne résoudra pas le sentiment d'impasse. Faites en sorte que le client reste en contact avec ce sentiment (maintenez l'ancre) et remontez dans son passé jusqu'au souvenir le plus ancien associé à l'impasse.

B) Pendant que le client est toujours dans cet état associé régressif, faites-lui exprimer toutes les généralisations ou croyances qui se sont développées à partir de cette expérience.

2. A) Dissociez votre client de l'expérience. Faites-la lui voir comme s'il regardait un film dont il est le héros.

B) Demandez-lui de verbaliser toute autre généralisation ou croyance qui s'est formée à la suite de l'empreinte. (Les croyances prennent souvent naissance « après les faits ».)

3. Identifiez le bénéfice secondaire ou l'intention positive du sentiment d'impasse. Trouvez également l'intention positive de(s) l'autre(s) personne(s) éventuellement impliquée(s). Pour cela, on peut s'adresser directement aux personnes dans l'image.

4. Identifiez et installez un ancrage des *ressources* ou des choix dont le client et les autres personnes avaient besoin à l'époque sans les posséder, mais qui sont maintenant *disponibles*. Ne vous limitez pas aux capacités de votre client ou des autres personnes à l'époque. Tant que votre client (et lui seul) dispose de ces ressources, utilisez-les pour transformer l'expérience.

5. Faites rejouer le film de l'expérience d'empreinte au client avec chacunes des personnes importantes, en voyant comment la situation aurait évolué s'il avait eu les ressources nécessaires. Refaites cette étape avec chaque personne de la scène en vous assurant que les ressources sont suffisantes pour transformer l'expérience. Si ce n'est pas le cas, repassez par les étapes 3 et 4 afin d'identifier d'autres intentions positives ou des ressources qui peuvent avoir été négligées. Lorsque les ressources sont ajoutées, demandez au client d'exprimer les nouvelles généralisations ou croyances qu'il choisirait.

6. En utilisant les ancrages de ressources installées en 4, faites revivre au client l'expérience d'empreinte du point de vue de chacun des proches. Qu'il se mette vraiment dans la peau de l'autre et qu'il voit la situation avec ses yeux. Enfin, faites lui revivre l'expérience en le faisant se glisser dans son propre rôle passé pour qu'il le revive associé à son ancien moi. Durant tout ce processus, maintenir les ancres de ressources. Renouvellez cette expérience un nombre suffisant de fois pour qu'elle devienne aussi forte que la première l'empreinte. Demandez au client de réactualiser ou de modifier les généralisations qu'il ferait maintenant à propos de l'expérience.

7. En maintenant les ancres utilisées dans ce travail, faites lui remonter le temps de cette première empreinte jusqu'au présent. Suggérez lui, alors qu'il remonte vers le

présent, de penser à d'autres circonstances de sa vie où ses nouvelles ressources lui auraient été utiles pour changer son vécu.

NOTES

1. Carl Simonton et Stephanie Matthews-Simonton, *Getting Well again*, New York, Bantam Books, 1982. Au Centre Simonton de Conseil sur le Cancer, les patients pratiquent une sorte de méditation appelée imagerie mentale, parallèlement aux traitements classiques du cancer. Ils visualisent les cellules cancéreuses envahies par le traitement et expulsées de leur corps.
2. La technique PNL de traitement des phobies est décrite dans *Using your Brain - for a Change* par Richard Bandler, Real People Press, Moab, Utah.

5

L'incongruence et les croyances conflictuelles

Nous avons tous vécu des moments où nous oscillions entre deux avis. N'avez-vous jamais décidé de vous lever tôt pour aller courir ? Quand le réveil sonne vous trouvez votre lit bien confortable et vous avez encore sommeil. Vous restez au lit, mais toute la journée, une voix intérieure vous rabâche que vous êtes nul. Ou bien, sans enthousiasme, vous rendez service à un ami alors que vous vouliez faire quelque chose pour vous. Voilà des exemples d'incongruence.

L'incongruence est en général vécue comme un conflit intérieur. Vous avez l'impression d'avoir deux parties en vous. Deux « vous ». Une partie de vous veut faire quelque chose et l'autre s'y refuse. Cela peut être deux comportements, deux croyances, deux systèmes de croyance ou même deux aspects de votre identité.

Parfois, lorsque vous vous débattez dans un conflit d'identité et de croyance une partie de vous n'est même pas consciente de l'existence de l'autre. Il en résulte un sentiment de confusion quant à soi. Je me souviens d'une femme qui me disait qu'elle ne pouvait pas comprendre pourquoi son mari lui reprochait d'être critique. Elle ne se voyait pas ainsi car depuis six mois elle pratiquait des mantras sur l'amour et le don de soi. La partie consciente d'elle-même qui voulait s'ouvrir aux autres n'avait pas le contact avec cette autre partie qui devait satisfaire ses propres besoins. Quand elle les négligait, elle se sentait pleine de ressentiment, sur la défensive. Tant que les deux aspects de sa personnalité n'ont pas été intégrés, lui permettant de reconnaître ses propres sentiments et ceux des autres, elle a été malheureuse et fantasque.

Les causes de l'incongruence

L'incongruence peut résulter d'expériences d'empreinte, de la modélisation d'autres personnes signifiantes, de conflits dans la hiérarchie des critères et des étapes de la vie.

Les empreintes

Les empreintes peuvent créer, et créent parfois, des conflits internes comme nous l'avons vu avec Bill. Même après avoir réussi une ré-empreinte sur un moment de votre histoire personnelle, vous pouvez ressentir une incongruence quand il s'agit de décider quelles croyances vont définir « l'être nouveau » ainsi formé. Après une ré-empreinte, les questions ne se posent pas par rapport au passé mais par rapport au présent et à l'avenir.

La modélisation

Imaginons qu'à un moment de votre vie vous avez vécu avec quelqu'un dont vous avez modélisé la croyance : « Il faut toujours faire passer les autres d'abord. » Puis les circonstances vous ont fait vivre avec une personne dont la croyance était différente (par exemple : « Moi d'abord ») que vous avez également modélisée. Vous avez donc intégré deux croyances incompatibles. En modélisant ainsi deux croyances opposées, vous vivez un enfer quand vous essayez de satisfaire vos besoins, et vous vivez un enfer quand vous vous occupez d'abord des autres. Il n'y a pas d'issue, vous êtes dans une double contrainte.

Vous avez pu aussi modéliser différents membres de votre famille ayant des croyances conflictuelles. Votre père fume, et votre mère pense que c'est mauvais. Si, adulte, vous fumez, vous êtes probablement en train de rejouer sans fin dans votre tête ce conflit relationnel entre vos parents. (En supposant que vous ayez introjecté le conflit en bloc.) Nos différents critères, valeurs et stratégies se construisent à partir des opinions des personnes importantes de notre vie que nous avons modélisées.

La hiérarchie des critères

Nos conflits internes sont souvent des conflits de critères. Vous pouvez vous dire : « Je veux cette maison avec une belle vue, mais je dois mettre de l'argent de côté pour ma retraite. » Vous vous décidez à acheter la maison et vous vous inquiétez pour l'avenir. Contrairement aux conflits de croyance, aux systèmes de croyance ou aux aspects dissociés de l'identité, les critères s'organisent en hiérarchie. Nous traiterons des critères dans le chapitre 6.

Les étapes de la vie

Les étapes de la vie peuvent aussi créer des conflits. Par exemple, un homme que nous appellerons Georges, travaille dans la même société que son père et ses oncles. Tous soutiennent le syndicat, se méfient de la direction et partagent les valeurs des « cols bleus ». Georges a construit une grande partie de son identité en respectant et en observant les valeurs et les comportements familiaux. Soudainement promu à un poste de « col blanc » avec des responsabilités d'encadrement et un salaire en rapport, Georges s'est trouvé confronté à un barrage imprévu de conflits. Il se pose des questions : « Est-ce que ça signifie que je suis différent — et mieux — que mon père ? Est-ce que je suis devenu un ''Monsieur'' avec de nouvelles valeurs et que je mets au rancart mes vieilles croyances ? Est-ce que ma réussite va me transformer en un de ces types que ma famille et moi avons toujours critiqués et haïs ? » Bien que dans notre culture, cette évolution soit considérée comme un « succès » cette promotion a suscité un conflit chez Georges.

Les étapes de la vie ne portent pas que sur les détails du changement, elles concernent *qui vous êtes* et *ce que vous êtes*. En 1982, comme je travaillais avec ma mère sur ses problèmes de santé, quand tant de choses changeaient dans sa vie, nous nous sommes rendu compte qu'elle vivait un grave conflit entre être mère et être une personne autonome capable de s'occuper d'elle-même. Elle disait : « C'est très important que je m'occupe des autres, mais j'ai enfin le temps de faire des choses pour moi seule. J'ai besoin de vacances pour me couper de tout ce stress. » Puis elle enchaînait : « Je suis sans doute trop égoïste en faisant tous ces projets. » Elle passait d'un système de croyance à l'autre pratiquement dans la même phrase, sans avoir aucunement conscience d'exprimer des messages conflictuels. Je lui ai fait visualiser chaque aspect d'elle-même.

L'identité « mère » avait l'air d'une vieille sorcière. Fatiguée, elle voulait se reposer mais aussi s'occuper des autres. C'était une de ses missions dans la vie. L'autre aspect était beaucoup moins développé. C'était une femme dans le vent, aux vêtements colorés, qui ne ressemblait pas du tout à ma mère. Cet aspect d'elle-même disait : « Débarrasse-toi de ces histoires de mère, et de tous ces gens qui se reposent tellement sur toi que tu ne peux même plus lever le petit doigt et te faire plaisir. »

Ces deux aspects représentaient clairement deux façons d'être différentes et ne s'aimaient pas. Cela se traduisait par une asymétrie dans son corps quand ma mère parlait de ce problème. Par « asymétrie », j'entends qu'elle agitait la main droite en parlant de son « moi maternel », et la main gauche quand elle voulait vivre sa vie. Les gestes des deux mains étaient désynchronisés.

Ces aspects antagonistes parasitaient tous les domaines de sa vie, y compris son envie de vivre. Ils étaient devenus si puissants et si hégémoniques que penser à sa propre mort lui paraissait reposant.

Sa mère et sa sœur étaient toutes deux mortes d'un cancer du sein. Quand nous avons discuté de l'éventualité de sa guérison, elle s'est sentie coupable. Elle regardait son passé et disait : « Ces femmes ont été mes modèles. Qui suis-je pour être mieux qu'elles ? » Je lui ai demandé de ne pas s'en tenir à *ses propres modèles* mais de se tourner vers l'avenir et de voir sa fille (ma sœur) attendant d'elle un modèle de vie. Cette réflexion la remua beaucoup. Quand elle pensait à sa fille, elle ne voulait pas qu'*elle* ait un cancer du sein parce qu'elle vivait cette expérience en tant que modèle. Cela a permis de faire une ré-empreinte de quelques unes des vieilles croyances de ma mère quant aux rôles qu'elle avait modélisés.

Résumons-nous. Il se peut que, même après une ré-empreinte réussie d'une partie de votre histoire, vous soyez toujours confronté à des incongruences. Souvent après une ré-empreinte, vous vous retrouvez avec « deux parties », soit deux croyances ou deux aspects d'identité incompatibles. Cela ne concerne plus le passé, mais la création d'une nouvelle vie et d'une future identité.

L'identification des conflits

En travaillant avec quelqu'un dont les croyances sont conflictuelles, vous observerez souvent une asymétrie dans la posture corporelle. Ce n'est pas aussi subtil que les changements de couleur de la peau, ou d'autres indices physiologiques minimaux, mais cela se repère facilement. Vous savez que vous êtes en présence de deux parties dissociées quand le client agite la main gauche en parlant d'un aspect du problème, et la main droite pour l'aspect opposé. Il est intéressant de remarquer que la main droite (reliée au cerveau gauche chez la plupart des droitiers qui ont organisé normalement leurs indices d'accès visuels) est connectée aux relations et à l'estime de soi dans un contexte social. La main gauche (en rapport avec les fonctions du cerveau droit) est davantage en contact avec la personne dans sa singularité et dans la plénitude de sa vie. Ce type de conflit pourrait être défini comme la différence entre une partie « orientée vers les autres » et une « orientée vers soi ».

Vous pouvez également rencontrer un conflit de type « stimulation/inhibition » où une partie de vous-même a de grandes idées et veut les réaliser tandis que l'autre veut garder un profil bas qui inhibe toute action. J'ai travaillé avec un homme qui avait des idées formidables pour créer sa propre société, mais une autre partie de lui-même voulait rester fonctionnaire « pour la sécurité ». Il avait deux identités séparées perpétuellement en guerre. Quand il envisageait de quitter son travail pour fonder sa société, il sombrait dans l'anxiété, et quand il restait dans son fauteuil de fonctionnaire, il déprimait.

Lorsque vous travaillez sur ce type de conflit, vous observez des physiologies différentes associées à chaque partie de la croyance. L'entrepreneur décrivait son projet d'une voix haut perchée, les yeux levés vers la droite (visuel construit) en gesticulant de la main gauche. Mais quand il parlait de sécurité, il s'exprimait d'une voix égale et basse, la main droite tranquillement posée sur son genou. Un moyen de discerner le conflit, c'est d'observer quelqu'un décrivant l'état désiré. Si on constate l'absence de symétrie corporelle totale en termes de gestes (les deux mains en activité au même moment dans la même direction), c'est le drapeau rouge qui signale la présence probable de croyances conflictuelles.

Travailler avec des croyances conflictuelles

De nombreuses personnes formées en PNL utilisent la technique du squash visuel lorsqu'elles ont affaire aux parties en conflit. Le squash visuel classique où vous intégrez deux comportements en fusionnant deux ancres ne marchera pas si vous avez deux parties fondamentalement différentes ou si vous vous associez à l'une des deux parties pour juger l'autre. En voici un exemple.

Un de mes clients vécut un deuil très difficile après le décès soudain d'un parent proche. Il s'est mis à trop manger et à prendre du poids. Un conflit majeur se jouait entre deux aspects de son identité.

Enfant il était plutôt joufflu et ne s'aimait pas. Il avait très souvent peur, le monde lui paraissait envahissant. A la puberté, il devint un garçon grand et musclé. Il ressemblait à Tom Selleck et pensait que tout lui était possible.

Nous avons commencé en identifiant et en séparant chaque partie. Il est devenu évident que l'une d'elles ressentait toutes les inquiétudes, toutes les pensées régressives, allant jusqu'à la paranoïa en ce qui concerne la guerre nucléaire. Par ailleurs, l'autre faisait preuve d'une grande confiance en elle-même et imaginait pouvoir réussir tout ce qu'elle entreprendrait. Chaque partie était associée à une période différente de sa vie. La paranoïaque était à l'opposé de la confiante. Chacune était tout ce que l'autre n'était pas.

Je l'ai fait se dissocier de cette paire conflictuelle, en la placant dans ses mains et en imaginant précisément à quoi chaque partie ressemblait, comment elle parlait, comment elle bougeait. Au fur et à mesure de la description, il devenait évident que chacune n'existait que par rapport à l'autre, comme la matière et l'anti-matière, un communiste et un anti-communiste (l'un n'existe pas sans l'autre). Quand il s'identifiait à l'aspect de lui-même « qui pouvait faire n'importe quoi » il pensait que l'autre partie était à la fois faible et inutile. Quand il était dans la partie paranoïaque, il disait que l'autre n'était pas « réelle », qu'il l'avait inventée. L'identité de l'une était tout ce que l'autre n'était pas.

Je me suis rendu compte que je ne pouvais pas ancrer ou utiliser le langage hypnotique pour intégrer ces deux parties à cause des croyances en jeu. Si j'avais essayé et réussi, je suis convaincu que cela aurait provoqué la désintégration de sa façon de penser. J'ai dû faire très attention lorsque je lui ai demandé de définir ces parties en se dissociant de chacune d'elles. Il les tenait dans ses mains, et comme chaque partie devenait plus précise, la nécessité de créer un nouveau système de croyance tenant compte de ces deux identités conflictuelles se faisait de plus en plus sentir. C'est ce que nous avons fait en « sortant de son contexte » l'intention de chacune (avec la question : « Qu'est ce que ça t'apportera d'avoir ça ? ») et ceci jusqu'à ce que nous trouvions les intentions *communes* de chaque partie. A partir de là, mon client a pu intégrer chacune d'elle dans une nouvelle identité, une nouvelle image de lui-même qui pré-existait à un niveau logique plus élevé. Je tiens à souligner l'importance de trouver des *intentions communes* pour chaque aspect de l'identité avant de les intégrer. Autrement, comme je l'ai déjà dit, on peut déclencher une désintégration des processus mentaux de la personne.

Votre but, en intégrant les aspects dissociés d'une personnalité est de créer une nouvelle image de soi. Si nous revenons à l'exemple de ma mère, quand elle a réuni ces deux parties d'elle-même (la « Mère » et la femme dans le vent), elle a vu une image très intéressante. C'était un Mercure gigantesque, brillant et chatoyant avec des ailes sur la tête et deux grands pieds fermement plantés dans le sol.

Démonstration d'un conflit de croyances

Dee souffre d'allergies et d'asthme depuis toujours, ses réactions sont particulièrement violentes en présence de chats. Robert a demandé à Dee de contraster son état présent (asthme et réactions allergiques aux chats) avec son état désiré — se sentir bien et se comporter d'une façon normale en leur présence. Quand Robert lui a demandé ce qui l'empêchait d'atteindre cet objectif, elle a dit qu'elle se sentait « désemparée et sans valeur » avec un sentiment de colère. Robert a ancré ce sentiment et a demandé à Dee de se laisser guider dans le temps pour retrouver sa cause. Elle a découvert une série de souvenirs dans lesquels ses parents se battaient et l'ignoraient quand elle était bébé. C'est une surprise constante de voir comment on peut ancrer un sentiment familier chez l'adulte et s'en servir pour l'aider à retrouver des expériences pré-verbales. C'est généralement la façon la plus rapide et la plus simple pour trouver l'origine de situations d'empreinte.

Dans son souvenir, Dee était dans son berceau et pleurait pour attirer l'attention, mais n'y parvenait pas à cause de la dispute entre ses parents. A ce point du travail, Robert a utilisé la procédure de ré-empreinte décrite au chapitre 4, en l'adaptant aux besoins de Dee.

Souvent, après avoir aidé un client à ajouter les ressources nécessaires à la résolution de problèmes anciens qui ont provoqué la croyance limitante, on se rend compte que celles-ci ne sont pas organisées de façon à permettre d'atteindre le but désiré. Comme nous l'avons déjà souligné, ces ressources se présentent en « parties » séparées ou en différents aspects de l'identité, ce qui les rend inaccessibles dans leur intégrité.

Cette démonstration commence au moment où Robert teste les résultats de la ré-empreinte chez Dee et qu'il découvre un conflit majeur.

ROBERT : Revenez à cette partie, là *(guide ses yeux vers la position où elle se sentait désemparée et sans valeur durant la ré-empreinte)*.

DEE : J'éprouve un sentiment de curiosité mais j'ai aussi peur.

ROBERT : De quoi ?

DEE : J'ai le sentiment d'un danger, il y a quelque chose d'effrayant là.

ROBERT : Qu'y a-t-il encore là ? De quoi avez-vous encore besoin ?

DEE : Ce qui me vient, c'est que je dois être sûre de ne pas être blessée, mais je crois que ça n'arrivera pas. J'ai un sentiment de destruction.

ROBERT : Ce « quelque chose » peut-il vous détruire ?

DEE : Oui.

ROBERT : Savez-vous ce que c'est ?

DEE : Ça a l'air d'un trou noir.

ROBERT *(au groupe)* : Voici une image qui « a l'air d'un trou noir ». Vous voyez que Dee regarde en bas, un peu vers la droite. Ses pupilles sont dilatées et elle décrit une couleur. La position oculaire indique un sentiment alors qu'elle parle de couleur. C'est une synesthésie, cela se produit quand le sujet se situe dans plus d'un système de représentation à la fois. Les expériences déplaisantes sont plus difficiles à exprimer, car le sujet ne trouve pas de sens à son vécu. C'est comme si l'expérience était moins bien organisée dans son esprit. Plutôt que d'avoir une image ou un son net, elle est fragmentée et difficile à décoder de l'intérieur. L'image et le son sont présents, mais ils flottent juste à la limite de la conscience. En général, le sujet ne ressent qu'une sensation désagréable. Mais je tiens à souligner que la synesthésie n'est pas toujours dysfonctionnelle, et qu'elle indique souvent un état de ressources. Par exemple, Mozart s'en servait dans ses stratégies créatives. Cependant quand on travaille avec des croyances limitantes, c'est comme si les pensées étaient emmêlées ensemble et formaient une seule représentation qui ne permet pas de voir ou d'entendre clairement ce qui se passe en soi.

(A Dee) Vous avez peur d'être aspirée dans ce « trou noir » et de ne jamais pouvoir en sortir.

DEE : Oui.

ROBERT : Et vous voulez être sûre de pouvoir entrer et sortir, quoi que ce trou noir représente ?

DEE : Oui.

ROBERT *(gestes vers une partie de Dee)* : Celle-là dit : « Pas de garantie », et pourtant je ne vous aiderais pas à y rentrer si je n'étais pas certain que vous ne serez pas détruite. Comment pouvez-vous explorer ça et être sûre que vous pouvez y aller sans être détruite ? De quelles ressources avez-vous besoin ? En d'autres termes...

DEE : J'ai l'impression que c'est à l'extérieur de moi, comme si il y avait quelque chose de réel là, qui pourrait me détruire.

ROBERT : Là, où ?

DEE : Là, plus loin. *(Gestes.)*

ROBERT : Cette distance, c'est dans votre souvenir ?

DEE : Non. C'est une distance là, plus loin.

ROBERT *(au groupe)* : C'est intéressant. Est-ce là plus loin *(gestes s'éloignant de Dee)* ou est-ce ici ? *(geste vers son corps)*.

(A Dee) Est-ce une partie de vous ? Nous ne voulons pas que vous disparaissiez, et nous ne voulons pas dire que quelque chose n'est pas réel si ça l'est. Mais vous êtes également curieuse...

DEE : Oui, je suis vraiment curieuse.

ROBERT : Comment pouvez-vous explorer quelque chose qui est loin sans vous exposer au danger ? A propos, nos yeux servent à ça. Si je vois quelque chose se produire là *(gestes loin de Dee)* en le voyant et en sachant que c'est là, je me protège d'avantage que si je feins toujours de l'ignorer.

DEE : C'est sombre, voilà le problème.

ROBERT : J'ai l'impression que vous avez besoin d'une ressource qui vous évite d'y aller en vous permetttant de regarder d'abord. Et si vous aviez de la lumière ? Cela vous aiderait-il de pouvoir vous servir de vos ressources de visualisation ?

DEE : Oui.

ROBERT : Faites-le. Regardez par là en bas *(gestes vers l'endroit où Dee situe le trou noir)* de façon à vous faire une idée de ce que c'est. C'est trop loin pour être dangereux. Et en restant à la même distance, levez les yeux et regardez-le. Ne le laissez pas s'approcher et vous mettre en danger.

DEE : Oui. J'ai l'impression que c'est un tourbillon

ROBERT : Que voyez-vous ? Ne ressentez pas, voyez !

DEE : C'est difficile de le voir en pleine lumière. il y a de la lumière autour, mais pas vraiment dessus. J'ai l'impression que ce tourbillon pourrait m'aspirer et me détruire.

ROBERT : C'est une autre sorte « d'écran de fumée ». C'est pourquoi vous ne pouvez pas l'éclairer. Qu'est-ce que c'est ? Peut-être est-ce une autre partie de vous.

DEE : Ah, oui, je la vois maintenant. C'est une partie très impulsive et folle.

ROBERT *(au groupe)* : Nous sommes arrivés à un problème d'identité. Elle dit : « C'est une partie de moi qui pourrait exister. Je pourrais tomber dans ce jeu et devenir impulsive et folle. » C'est très réel. Je connais des gens qui se sont abandonnés à ce genre d'impulsion. Ceux d'entre vous qui travaillent dans la relation d'aide ont vu des gens agir dans ce registre. Comme je l'ai déjà dit, certains essaient d'enfermer cette partie d'eux-mêmes dans leur petit asile personnel, ou de le garder en cage, pour se protéger. Mais cette attitude ne permettra jamais de résoudre le conflit qui reste là, tapi, attendant l'occasion de vous attirer dans le tourbillon.

(A Dee) Qu'est-ce que cette partie de vous, là-bas, essaie de faire ? Veut-elle vous aspirer et vous détruire ?

DEE : C'est comme si la curiosité me poussait à y aller, mais elle est aussi dangereuse.

ROBERT : La curiosité a tué le chat *(Dee est très allergique à ces animaux)*, mais ne vous inquiétez pas — ils ont neuf vies. *(Rires.)*

Il y a deux choses en parallèle. Cette partie impulsive, pas nécessairement curieuse.

DEE : Non. Elle est *très* dangereuse. L'impulsion à l'état pur. Elle ne pense pas du tout.

ROBERT : Est-ce *son intention* ? Demandez-lui si elle a l'intention de vous détruire, de vous absorber et de vous rendre complètement impulsive.

DEE : Non. Elle veut du plaisir, des sensations et de l'aventure. Elle ne veut pas que la vie soit un un tourbillon destructeur.

ROBERT : Elle veut du plaisir, des sensations, de l'aventure. Elle ne veut pas d'un tourbillon destructeur qui menace la vie.

DEE : Oui.

ROBERT : Vous avez laissé le chat sortir du sac maintenant, et vous vous apercevez que ses griffes et ses dents ne sont pas aussi pointues que vous le croyez. Aviez-vous un chat étant enfant ?

DEE : Non.

ROBERT : Des animaux ?

DEE : Non.

ROBERT : Aussi loin que vous vous souvenez ?

DEE : Oui.

ROBERT : Alors, cette partie veut du plaisir et des sensations, et celle-là est curieuse. C'est la combinaison de la curiosité, du plaisir et des sensations qui pourrait vous entraîner là-dedans. En d'autres termes le tourbillon inclut deux éléments qui se répondent, il n'est ni l'un ni l'autre séparément. De quelle ressource auriez-*vous* besoin pour avoir le plaisir, les sensations et tout ce que cette partie veut, sans être entrainéee et détruite ? Autrement dit, pour que vous ne perdiez pas votre identité en étant aspirée par le chaos ?

DEE : Ma première idée a été de l'analyser, mais quand je le fais, toute la curiosité disparaît.

ROBERT : Quand vous l'analysez, toute curiosité disparait, et quand vous vous montrez curieuse, vous n'arrivez plus à analyser.

DEE : Oui.

ROBERT *(au groupe)* : Nous entendons encore des processus dissociés. Comment faire cohabiter curiosité et analyse ? Voilà deux ressources qui n'ont aucun moyen de travailler ensemble. Est-ce une stratégie ? Comment être curieuse et analytique en même temps ?

(A Dee) Voyons un peu la partie curieuse. Où est-elle ?

DEE : Je suis curieuse pour le moment.

ROBERT : Oh, vous êtes curieuse. Où est votre partie analytique ?

DEE : Elle observe.

ROBERT : Bon. Ces deux-là n'ont pas beaucoup en commun. Prenez-en une dans chaque main.

DEE : Celle-ci, c'est l'analytique *(gestes de la main droite)*. Elle porte un costume d'homme d'affaires.

ROBERT : C'est sans doute de circonstance. Elle porte un costume d'homme d'affaires. Passons à la curieuse. A quoi ressemble-t-elle ?

DEE : C'est l'artiste.

ROBERT : Ah, c'est une artiste !

DEE : Oui, oui.

ROBERT : Et à quoi ressemble l'autre partie de vous là-bas, la partie « du plaisir et des sensations » ?

DEE : C'est compliqué. *(Rires.)*

ROBERT : A quoi ressemble-t-elle ?

DEE : Je ne veux pas vous le dire. Je censure. *(Rires.)*

ROBERT : Pas de problème. Votre physiologie et le changement de couleur de votre peau nous parlent. Ce sont encore des expériences dissociées. Que pense l'analytique en regardant l'artiste ?

DEE : Pas grand-chose. Elle est frivole.

ROBERT : Elle pense qu'elle est frivole. Est-ce que celle-là *(gestes de la main gauche)* veut être frivole ?

DEE : Oui, oui.

ROBERT : Elle veut être frivole ? C'est son but dans la vie ?

DEE : Oui. Elle veut être curieuse, créative, peindre et ne pas gagner d'argent.

ROBERT : Et *ne pas* gagner d'argent, ou bien est-ce que l'argent lui est indifférent ?

DEE : L'argent lui est égal et donc elle n'en gagne pas.

ROBERT : Prend-elle ses distances vis-à-vis de l'argent ? C'est ce que vous avez exprimé au début.

DEE : Non, elle s'implique simplement dans des choses qui n'ont pas de rapport avec l'argent. Elle n'est pas totalement responsable. Elle ne paie pas ses factures, elle ne nettoie pas le lavabo, et...

ROBERT : Pourtant elle est nécessaire.

DEE *(hésitation)*.

ROBERT : Maintenant, celle-là *(gestes de la main gauche)* regarde celle-ci *(gestes de la main droite)*.

DEE : Elle pense que l'autre est ennuyeuse.

ROBERT : Formidable. Vous avez donc le choix : être ennuyeuse ou frivole. *(Rires.)* Ça me rappelle une citation de Woody Allen : « D'un côté nous nous précipitons vers le désastre et le jugement dernier, et de l'autre nous sommes confrontés au gâchis et à l'absence de sens. J'ai confiance en Dieu pour que nous fassions le bon choix. » *(Rires.)*

(Au groupe) Vous commencez à voir comment fonctionne la double contrainte. Quand Dee nettoie le lavabo, elle se sent responsable mais ennuyeuse, quand elle est créative, elle crée du sens, mais elle se sent frivole. On retrouve stimulation-inhibition. Sans oublier cette autre partie *(gestes vers l'extérieur)* dont nous nous occuperons plus tard.

Nous voulons comprendre comment ces différentes parties peuvent fonctionner ensemble.

(À Dee) Celle-ci *(gestes de la main droite)* doit aussi trouver des ressources dans celle-là *(gestes de la main gauche)*.

DEE : Elle apprécie sa créativité.

ROBERT : La créativité peut être aussi pratique car, si l'on s'en tient aux comportements de base, on peut faire quelque chose sans aucun but pratique, rien que par habitude.

DEE : Oui, oui.

ROBERT : Tout comme, si vous êtes créative *(main gauche)*, celle-ci *(main droite)* va le réaliser. C'est elle qui fait que les choses se réalisent dans le monde réel.

DEE : Elle *(main gauche)* apprécie beaucoup celle-ci *(main droite)*. Elle pense seulement qu'elle est ennuyeuse.

ROBERT : Mais elle reconnaît sa valeur.

DEE : Oui, elle la reconnaît.

ROBERT : Que se passerait-il si vous arriviez à ce que ces deux-là ne soient plus séparées, et qu'elles forment une entité à la fois créative et pratique ?.

DEE : C'est impossible.

ROBERT : Qu'est-ce qui le rend impossible ?

DEE : C'est un compromis.

ROBERT *(au groupe)* : Le message c'est : « Nous ne le

ferons pas parce qu'alors nous devrions compromettre l'une avec l'autre. »

(A Dee) Je ne veux pas que vous fassiez de compromis avec l'une ou l'autre. Pour le moment, aucune ne peut agir bien car l'autre l'en empêche toujours. Comment pourriez-vous avoir une partie de vous-même aussi créative que celle-là *(main gauche)* et aussi pratique que celle-ci *(main droite)* sans renoncer à rien ? Il n'y a qu'à ajouter des ressources. Comment pourriez-vous créer quelque chose où vous auriez juste autant de ceci *(main droite)* que de cela *(main gauche)* ? Pour le moment elles ne font que s'annuler réciproquement.

Connaissez-vous quelqu'un qui est à la fois créatif et pratique sans compromission, frivolité ni ennui ?

DEE : Je connais peut-être quelqu'un. Puis-je inventer une personne dont je pense qu'elle peut être ainsi ?

ROBERT : Oui. Que fait-elle ? Comment équilibre-t-elle ces deux pôles de sorte que aucun ne doive se compromettre et qu'elle puisse profiter totalement de leurs ressources ?

DEE : Hum, je n'en sais pas tant que ça sur sa vie. Puis-je la fabriquer ?

ROBERT : Bien sûr. Vous pouvez faire de sorte que celle-là *(main gauche)* crée, et celle-ci *(main droite)* teste pour voir si ça marche. Ainsi la partie créative ouvre le champ des possibles et la partie pratique s'assure que c'est réalisable.

DEE : Oh ! *(long silence)*. Le créateur *(main gauche)* a des idées complètement folles que celui-ci *(main droite)* sait être irréalisables.

ROBERT : C'est bon. Au lieu de rejeter les idées, demandez à celui-ci *(main droite)* de les affiner. Plus elles paraissent irréalisables au départ, plus elles offrent de possibilités. En les rendant possibles, vous découvrirez des solutions que d'autres gens ont négligées parce qu'ils n'étaient pas partis d'un point de vue aussi excentrique. Pouvez-vous faire ça ?

DEE : Oui, oui. C'est ce que je fais. Celle-ci *(main droite)* aime les idées mais ne veut pas les réaliser par manque d'argent.

ROBERT : Continuez, et faites-lui adapter les idées pour

qu'elles soient réalisables sans argent ou bien qu'elles apportent de l'argent.

DEE : Oh ! D'accord.

ROBERT *(au groupe)* : Avant la négociation, les idées étaient rejetées d'office. Nous avons créé un cadre pour le dialogue entre les parties. Bien que cela paraisse très logique, tant que ce n'est pas en place, la personne ne le fait pas.

DEE : Il faut que celle-ci *(main droite)* apprenne où est l'argent car pour le moment elle l'ignore.

ROBERT : C'est là que l'autre *(main gauche)* peut être utile.

DEE : Hum, hum. *(Elle commence à bouger les mains ensemble avec des mouvements saccadés.)*

ROBERT *(au groupe)* : Vous observez qu'elle commence à bouger les mains consciemment.

DEE : C'est une relation très fragile.

ROBERT : Ça se voit

DEE : Elles ont un peu confiance mais pas beaucoup.

ROBERT : De quoi ont-elles besoin pour pouvoir se faire confiance ?

DEE : De faire équipe. Il faut qu'elles aillent de l'avant et qu'elles expérimentent ce qu'elles peuvent s'apporter.

ROBERT : Il manque toujours un élément. On a toutes ces idées, mais où sont le plaisir et les sensations ? Maintenant que vous avez des bases solides et que l'intégration est en train de se faire, vous n'avez plus besoin d'avoir peur. Pensez-y comme à une métaphore chimique. Si j'ajoute ça, ceci et une pincée d'autre chose, je vais soudain obtenir une solution totalement différente. C'est même plus qu'une métaphore chimique parce que vous créez des modifications dans la chimie du cerveau quand vous intégrez les schémas neurologiques associés à ces parties.

DEE *(ses mains se déplacent toujours lentement)* : C'est bizarre. *(Rires.)*

ROBERT : Plus c'est bizarre, plus vous êtes sur la bonne piste.

DEE : Bon. Je n'en suis pas si sûre.

ROBERT : C'est la partie pratique qui parle *(main droite)*. Il faut être pratique.

DEE : Il y a une partie de moi qui dit : « Continue, continue. » Celle-ci *(main droite)* est vraiment mécontente de celle-là *(gestes)* et veut lui faire la leçon.

ROBERT : Oh, alors la partie pratique réprimande le plaisir là-bas.

DEE : Elle veut lui faire la morale et la remettre dans le droit chemin.

ROBERT : Est-ce que cette partie pratique *(main droite)* comprend que l'intention n'est pas mauvaise et ne mérite pas la réprimande, mais au contraire qu'il s'agit de vous apporter du plaisir et des sensations ?

DEE : Oui, elle comprend mais...

ROBERT : Mais elle n'accepte pas la façon dont elle s'y prend.

DEE : Ou qu'elle *veuille* agir ainsi.

ROBERT : Elle n'est pas sûre que *ce soit* ce qu'elle veut.

DEE : Oui, ou elle craint de s'y prendre mal.

ROBERT *(au groupe)* : C'est là que se jouent les répressions et les conflits.

(A Dee) Est-ce que le plaisir *(gestes)* croit qu'il pourrait s'amuser et avoir des sensations avec ces deux là si vous l'intégrez ?

DEE : Oui, oui. Mais le côté pratique *(main droite)* n'y croit pas. Il est très rigide et veut que les choses soient faites d'une certaine façon même si ça ne marche pas.

ROBERT : Le sait-il ?

DEE : Oui.

ROBERT : Alors, bien que votre partie pratique veuille du plaisir, elle est toujours coincée par cette rigidité ? Elle agit d'une façon qu'elle désapprouve. De quelle ressource a-t-elle besoin pour se comporter autrement ?

DEE : Elle a besoin d'une expérience qu'elle n'a pas.

ROBERT : Comment agir dans une situation qu'on vit pour la première fois ? C'est un problème très important qui s'articule sur l'identité. Comment connaître le résultat avant d'avoir essayé ? La double contrainte s'exerce dans le raisonnement : « Après avoir essayé, je pourrai avoir confiance, mais je ne peux pas esssayer tant que je n'ai pas confiance. » Je ne vais pas vous dire : « Oubliez cette histoire de confiance, allez-y, foncez. » C'est sans doute ce que la partie créative *(main gauche)* dirait, et la partie pratique *(main droite)* répondrait : « Non, n'y vas pas. »

DEE : Oui, absolument

ROBERT : Comment pouvez-vous faire ? Celle-là *(main gauche)* le sait.

DEE : Ce moi aventureux *(gestes vers l'extérieur)* va se passer des films.

ROBERT : Que se passerait-il si l'un montre comment s'y prendre et acquiert de l'expérience en laissant celui-ci *(main droite)* évaluer les aspects pratiques ?

La partie créative commence *(main gauche)* et la partie pratique *(main droite)* l'arrête, quant à l'aventurier là *(gestes vers l'extérieur)*, il va montrer le film de ce qui arrivera si ça continue. Et la partie pratique *(main droite)* va faire le montage pour s'assurer que ça reste dans le domaine du possible.

DEE : Oui, puis cette partie créative *(main gauche)* peut donner à celle-ci *(à l'extérieur)* plus de détails.

ROBERT : C'est une stratégie

DEE : Oui, puis celle-là *(à l'extérieur)* peut repasser le film pendant que celle-ci *(main droite)* donne son avis.

ROBERT : Si elle n'est pas d'accord, elle n'a pas besoin de rejeter, elle peut raffiner, et dire : « Là ça ne va pas. Peux-tu l'adapter ? »

DEE : Oui, hum ! c'est intéressant. Cette partie pratique *(main droite)* reçoit et donne de l'information et celle-ci *(à l'extérieur)* c'est le monteur qui assemble tous les éléments.

ROBERT : Pouvez-vous le faire ?

DEE : Oui.

ROBERT : Vous pouvez les réunir ?

DEE : *Elles sont* réunies... Mais celle-là *(à l'extérieur)* est toujours là bas. Je pense que c'est sans importance.

ROBERT : Il faut l'intégrer aussi.

(Au groupe) Il faut s'assurer que Dee peut s'adresser à

toutes ses parties de la même façon. Nous voulons qu'elles soient intégrées.

ROBERT : Comment pouvez-vous les réunir pour que ce grand trou noir qui a été une partie de vous, s'intégre en vous et entre en contact avec tous les aspects de votre personnalité.

DEE : Celle-ci *(main droite)* pense que l'on devrait laisser cette partie de moi là-bas.

ROBERT : Elle le pense sûrement, mais ça ne peut pas marcher. Que devriez-vous faire maintenant pour vous donner une meilleure expérience ? Pour être *plus* pratique ?

DEE : Bon, elle est là maintenant *(dans la main gauche)*.

ROBERT : Donc, cette partie *(main gauche)* est à la fois créative *et* a du plaisir. En fait, c'est la politique des petits pas. On va d'abord mettre celle-ci *(à l'extérieur)* là *(dans la main gauche)*.

DEE *(sa main droite se déplace vers la gauche.)*

ROBERT : Cette partie pratique *(main droite)* est plus inquiète que cette partie aventureuse et drôle *(main gauche)*. A-t-elle encore besoin de quelque chose ? Elle craint pour son identité aussi.

DEE : Je sais ce dont celle-là *(main gauche)* a besoin et je le lui donne.

ROBERT : Bien. A ce point, je veux être sûr que toutes les objections ont reçu une réponse et que vos deux parties se sentent bien en se rapprochant dans une nouvelle identité. Une personne créative, drôle, pratique et analytique.

DEE *(ses mains continuent de se déplacer ensemble avec des gestes un peu saccadés)* : J'ai l'impression qu'il n'y a plus d'objections et qu'elles sont prêtes à s'accepter.

Synthèse

ROBERT *(au groupe)* : Pendant que Dee intègre ces différents aspects d'elle-même, je voudrais résumer ce que nous avons fait. Nous avons commencé en mettant de l'ordre dans l'histoire personnelle de Dee en faisant une ré-empreinte.

Toutefois, il arrive qu'un conflit demeure encore entre les différents parties de la personnalité. Donc vous commencez par identifier les parties en conflit en observant l'asymétrie de la physiologie et des postures.

Ensuite vous demandez au sujet de construire une représentation complète de chaque partie de lui-même en la plaçant dans ses mains jusqu'à ce qu''il puisse voir, entendre et sentir chacune d'elle. Puis amenez chaque partie à regarder et examiner l'autre. Souvent elles auront des objections majeures vis-à-vis l'une de l'autre, ou ne se feront pas confiance. Ensuite, identifiez l'intention positive de chacune. Il est fréquent que chaque partie pense que l'autre est mal intentionnée. A cette étape du processus, il est essentiel d'identifier les intentions positives de toutes les parties concernées. Généralement elles n'ont pas d'objection quant aux intentions de l'autre. Continuez le travail jusqu'à ce qu'elles aient trouvé une intention commune à partager, par exemple rassurer le sujet que sa vie est riche et vaut la peine d'être vécue. Enfin, demandez à chaque partie de regarder l'autre et de prendre conscience de ses ressources. Proposez au sujet de considérer chaque partie comme un ensemble de ressources, et montrez-lui que toutes ses ressources le rendent plus efficace.L'essentiel du travail, c'est d'être congruent par rapport aux objectifs.

Nous voulons également que la personne comprenne que, en réunissant leurs ressources, ses différentes parties formeront un ensemble bien plus puissant pour accomplir leur finalité et atteindre leur but commun.

L'intention positive leur permet de commencer à partager leurs ressources afin que le meilleur de chacune œuvre pour un but commun. A ce moment là, nous voyons les parties se réunir pour former une personnalité unifiée. Ce sentiment d'être une personne entière et unifée est très difficile à décrire parce que c'est simplement « VOUS ».

Questions

UN HOMME : Vous avez dit qu'il faut tester pour s'assurer que l'intégration est complète. Comment faites-vous ?

ROBERT : Comme Dee rapprochait les mains, je lui ai posé des questions sur sa capacité à gagner de l'argent en faisant des choses pratiques d'une façon créative tout en se faisant plaisir. Ses réponses étaient congruentes et elle bougeait les mains dans des mouvements harmonieux.

Afin de voir si l'intégration est complète et totale, j'engage la personne dans des activités en rapport. Si il s'agit de tabagisme, je lui fais repenser à la cigarette et j'observe ce qui se passe.

Je recherche une intégration de la physiologie. Si la personne décrit la nouvelle partie comme intégrée, mais que ça ne soit pas visible dans le corps, je me fie à ce que j'observe et je sais que mon travail n'est pas terminé.

Bien entendu, le mieux c'est un test comportemental. Si vous pouvez remettre la personne dans la situation qui créait le problème et si vous obtenez une nouvelle réponse congruente, vous savez que quelque chose a bougé et que l'intégration s'est produite.

UN FEMME : Par moments, Dee avait l'air confus. Comment expliquez-vous cela ?

ROBERT : Il y a une différence entre une « bonne » et une « mauvaise » confusion. Parfois les gens sont confus parce que l'intégration vient juste de se produire. Parfois, c'est la désintégration. Dans les deux cas, les pensées et les sentiments paraissent différents, inhabituels et le sujet ne comprend pas ce qui se passe.

Une certaine confusion est nécessaire. Quand vous venez juste d'intégrer des parties conflictuelles, le monde n'est littéralement plus le même. Les choses paraissent très différentes. Inversement, il y a des moments où vous avez l'impression d'être déchiré entre vos parties internes, et vous ne savez plus si vous devez aller ici ou là. Ce type de confusion vous maintient dans l'impasse.

UN FEMME : Pourquoi situez-vous les parties dans les mains ?

ROBERT : La raison pour laquelle je demande de mettre les parties de la personnalité dans les mains et de leur parler, c'est que je veux ajouter des représentations visuelles et auditives à ce qui n'est qu'une sensation. Je veux que le cerveau soit plus impliqué physiologiquement que lorsqu'il traite le ressenti. C'est également une extension naturelle des gestes asymétriques.

De plus, quand le sujet voit, entend et ressent une partie de lui-même dans sa main, il la considère, ainsi que l'intention, à partir d'une « méta-position ». Plutôt que d'être pris dedans, il est à l'extérieur, et il jouit d'une perspective différente en considérant son problème.

UN HOMME : Comment décidez-vous quand pratiquer une empreinte et non pas une résolution de conflit ?

ROBERT : Si le comportement fait apparaître une forte asymétrie et passe de droite à gauche, je vais rechercher des problèmes de congruence. Si le sujet est plus symétrique, mais a une physiologie intense associée au comportement, cela me donne à penser que c'est plutôt une empreinte.

UNE FEMME : Vous avez parlé d'asymétrie. Existe-t-il d'autres indices physiologiques ?

ROBERT : Parfois dans un conflit, le sujet a du mal à bouger les yeux d'un indice d'accès visuel à l'autre. Vous observez une physiologie différente associée à chaque mouvement oculaire. En parlant d'une croyance il regarde en haut et à gauche, et en parlant de la croyance opposée, en bas et à droite. Si sa physiologie change fortement avec chaque aspect de son identité, vous pouvez être sûr que ses processus mentaux sont également très contrastés.

Dans mon travail, je demande souvent : « Qu'est-ce qui vous empêche d'atteindre votre état désiré ? » Et je guette une réponse physiologique immédiate et inconsciente qui surgit avant que le sujet n'ait le temps de se mettre à penser à une réponse consciente. (C'est la règle de la demi-seconde.) Je ne suis pas tant intéressé par la réponse verbale que par les indices non verbaux qui se produisent dans cette première demi-seconde et qui m'indiquent précisément comment la personne se bloque.

Parfois vous observez une discontinuité dans les mouvements oculaires quand le sujet passe d'une position à l'autre. Quand il bouge les yeux de V^r (en haut à gauche) à K (en bas à droite), et que vous observez une hésitation ou une déviation, c'est le signe que quelque chose n'est pas bien intégré.

Quand vous rencontrez une discontinuité des mouvements oculaires, la première étape est d'intégrer les deux physiologies. Votre but est d'aider le client pour que son mouvement se fasse facilement d'un quadrant oculaire à l'autre. Vous pouvez aider votre client en le faisant s'absorber totalement dans un état, puis, en maintenant cet état, le faire passer dans le quadrant conflictuel. Vous l'aidez ainsi à créer un accès entre les deux. Cela lui ouvre un nouveau chemin pour avoir accès à ses ressources et multiplie ses choix quant à ses croyances et ses comportements.

Donc un des moyens de faire une intégration consiste à créer un mouvement souple entre les deux polarités, en vous guidant sur les clefs d'accès oculaires. Vous pouvez également utiliser les tons de la voix. Vous demandez à votre client de commencer avec un ton de voix, et de changer doucement le rythme ou la tonalité jusqu'à l'autre registre. L'idée reste d'établir des connexions entre les deux parties conflictuelles.

Le meilleur moment pour créer ce contact (visuel ou auditif) c'est lorsque le sujet est sur le point de dire : « Je ne sais pas. » C'est le signe de l'impasse, et établir le contact entre les deux parties va souvent débloquer la situation.

Résumé du modèle d'intégration des conflits

1. Identifiez les croyances conflictuelles et calibrez la physiologie de chacune des parties en conflit. (En prêtant une attention particulière aux asymétries.)
2. Représentez les croyances dans tous les systèmes sen-

soriels, en placant chaque croyance dans une main. Visualisez la partie de vous avec la croyance X dans la main droite, l'autre partie avec la croyance Y dans la gauche. Trouvez quelles images, quelles voix, quels sons et quels sentiments sont associés avec chaque partie.

3. Demandez à chaque partie de regarder l'autre et de décrire ce qu'elle voit. Souvent à cette étape les différentes parties ne s'aiment pas et ne se font pas confiance. Vous devriez pouvoir observer des physiologies différentes en passant d'une partie à l'autre.

4. Trouvez l'intention et l'objectif de chaque partie. Assurez-vous que chaque partie reconnait et accepte l'intention positive de l'autre. Soulignez que leur conflit entrave directement la réalisation de leurs intentions positives. Si c'est nécessaire, passez au niveau d'intention supérieure de chacune.

5. Identifiez l'objectif commun qu'elles partagent.

6. Demandez à chaque partie de regarder l'autre et de décrire les ressources qui lui seraient utiles. Arrivez à un accord congruent des deux parties afin qu'elles réunissent leurs ressources pour réaliser pleinement leurs intentions positives.

7. Proposez que les parties se déplacent l'une vers l'autre pendant qu'une nouvelle identité se crée. Obtenez une représentation riche et complète impliquant tous les systèmes sensoriels qui intègre totalement les ressources des deux parties. Calibrez jusqu'à obtenir une intégration/symétrie des deux physiologies qui accompagnaient les parties séparées.

8. Quand les mains se sont rejointes, et que l'intégration est complète, faites un pont vers le futur pour vous assurer qu'il n'existe plus de problèmes écologiques.

NOTES

1. Cf. John Grinder et Richard Bandler, *The structure of Magic II*, Palo Alto CA, Science and Behavior Books, 1975, p. 62-96.

6

Les critères

Les critères et les valeurs appartiennent à une catégorie particulière de croyance. Vous maintenez des croyances qui expliquent pourquoi quelque chose est important ou a de la valeur à vos yeux. Elles sont très puissantes et personnelles.

Ecrivez, comme si vous répondiez à haute voix, la réponse à cette question : « Qu'attendez vous d'un travail ? » Les mots qui vous viennent à l'esprit représentent vos critères quant au travail. Si dans votre situation actuelle, ces critères ne sont pas largement satisfaits, vous êtes malheureux dans votre vie professionnelle. Vous pouvez vérifier la puissance de ces critères en posant la même question à un ami, et notez rapidement ses réponses. Faites semblant de lui proposer une situation en utilisant d'abord vos critères, puis la même en utilisant ses critères. A moins que lui et vous n'ayez empoyé précisement les mêmes mots, vous verrez une grande différence dans sa physiologie. Si vous voulez convaincre quelqu'un de quelque chose, servez-vous de ses critères, et non pas des vôtres.

Les difficultés commencent quand on essaie de se représenter ses critères. Ces difficultés se rattachent à : 1) la hiérarchie, 2) le degré, 3) le découpage (« chunk size »), 4) l'identité et 5) les conflits.

La hiérarchie des critères

Il faut garder à l'esprit que chacun de nous organise ses critères selon une hiérarchie. Vous avez deux critères, vous amuser et gagner votre vie. Comme gagner sa vie est plus important que de s'amuser, vous n'allez pas skier pendant vos heures de bureau.

Les problèmes surgissent quand notre hiérarchie interne n'est pas organisée pour nous servir au mieux. Si déguster des bonbons est plus important que votre santé, vous allez sans doute beaucoup grossir et tomber malade.

Le degré

Les critères soulèvent des questions de degré. Par exemple, vous pensez que gagner sa vie est plus important que de s'amuser. Si vous devez choisir entre un travail *vraiment* amusant et un où vous serez peu payé, vous choisirez le travail amusant.

Quand cette notion de degré n'est pas claire dans notre esprit, nous rencontrons des problèmes. Certains, par exemple, éliminent toujours la possibilité de s'amuser pour pouvoir gagner de l'argent. Un jour, insatisfaits de leur vie, ils viennent consulter.

Le découpage (« chunk size »)

Parfois, nous avons des définitions vagues quant à nos critères. Une personne dit : « La santé, c'est important. » Vous demandez : « Qu'entendez-vous par la santé ? » Pour vous répondre elle doit citer une autre liste de critères : avoir beaucoup d'énergie, maintenir un certain poids, se ressentir d'une certaine façon, etc. Si une personne n'a pas complétement organisé la satisfaction de ses critères, ce que sont les équivalences concrètes d'un critère ou d'un sous-critère, elle peut se sentir confuse quant à la manière d'atteindre son objectif, ou se sentir débordée à l'idée d'atteindre son but. Si vous découpez un critère en sous-composants, vous saurez précisément ce qu'il signifie ainsi que les étapes nécessaires pour atteindre la satisfaction de ce critère.

Identité et critères

Lorsque vous envisagez d'acheter une voiture, si vous décidez qu'une voiture de sport traduira mieux votre nouvelle identité et qu'un break représente vos responsabilités familiales, vous ne traitez plus avec vos critères mais avec votre identité.

Je vais prendre un autre exemple. Certains s'arrêtent de fumer parce que ça gêne les autres. Ils s'arrêtent parce que leur critère « être apprécié des autres » a plus de poids que le plaisir qu'ils prennent à fumer. Ils se servent de leur critère pour changer leur comportement. D'autres personnes vont encore compliquer le problème en disant : « Si je peux m'arrêter de fumer, je peux tout faire. Je serai vraiment ce que j'ai toujours voulu être. » Quand vous travaillez avec la première personne, vous l'aidez à changer une habitude, un comportement. Avec la seconde vous travaillez avec *qui* elle est et *ce qu'elle* veut devenir. La question se révèle bien plus complexe.

Les conflits de critères

Nos conflits internes sont souvent des conflits de critères. Imaginez que vous voulez faire des choses amusantes, mais vous devez gagner votre vie. Si vous définissez ces activités en terme ou bien/ou bien, avoir l'un vous empêchera d'avoir l'autre. Vous vous sentirez trompé, quelle que soit l'activité exercée.

Muni de ce léger bagage sur les critères et leurs pièges, je voudrais travailler avec une personne qui souhaite opérer un changement précis mais n'y arrive pas, commence à changer mais ne persévère pas ou bien se retrouve en conflit intérieur quand elle fait des efforts pour atteindre son but. En voici un exemple banal : on a décidé de faire du sport, mais le moment venu, cette résolution disparaît, on préfère une autre activité. Les conflits de critères créent presque toujours ces situations. Qui est dans ce cas ?

Démonstration de conflits de critères

ROBERT : Mary, voulez-vous venir ici ?

MARY : A chaque fois que je commence un régime, je le suis pendant quelques jours, et puis mon projet tombe à l'eau.

ROBERT *(au groupe)* : Donc, la difficulté de Mary, c'est de ne pas pouvoir mener à bien quelque chose qu'elle a décidé car elle laisse tomber. Son vrai problème n'est pas de perdre du poids mais de mettre en place de nouvelles habitudes alimentaires. Suivre un régime ne garantit pas le succès à long terme parce que ça ne crée pas nécessairement de meilleurs comportements alimentaires. Qu'est-ce qu'un régime de toute façon ? C'est mourir avec un T final*. Personnellement, je ne pense pas que suivre un régime soit le meilleur moyen de perdre du poids. Le régime fait d'abord perdre du muscle, puis de la graisse. Quand on reprend du poids, la graisse se reconstitue avant le muscle. Le poids varie tant que le corps essaie de trouver son homéostase, l'équilibre entre le muscle et la graisse. Beaucoup de gens ont perdu des centaines de kilos dans leur vie à suivre des régimes, et les ont repris après. C'est ce que j'appelle la méthode de contrôle de la ceinture**.

En fait, pour atteindre et conserver son poids idéal, il faut

* Jeu de mots sur *to die* : mourir, et *diet* : suivre un régime. (NdT.)

** Jeu de mots sur la quasi-homophonie de *birth control* : contrôle des naissances, et *girth control* : se mettre la ceinture. (NdT.)

organiser sa stratégie alimentaire et ses critères afin qu'ils vous servent vraiment selon vos désirs.

(A Mary) Vous avez dit que vous suiviez un régime, que vous maigrissiez jusqu'à un certain point, et que tout à coup quelque chose se passe. Quoi ? Vous n'avez plus de volonté ? Vous vous sentez frustrée ? Qu'arrive-t-il exactement ?

MARY : Je conserve mon nouveau poids pendant quelque temps, puis j'arrête de faire des efforts et je regrossis. Pendant que vous parliez, je me suis souvenue qu'il y a environ un an, j'ai arrêté un régime où j'avais très soigneusement contrôlé mon alimentation pendant dix-huit mois. J'avais décidé de laisser mon corps trouver son poids naturel, et depuis j'ai regrossi de façon incroyable.

ROBERT : Vous parlez de laisser votre corps faire ce qu'il veut. Mais ce dont nous parlons en fait, c'est d'harmoniser votre corps et votre esprit. Votre but n'est pas seulement de perdre du poids, c'est aussi d'être plus mince, non ? *(Mary hoche la tête affirmativement.)* Qu'est ce que ça changerait pour vous, d'être plus mince ?

MARY : Je veux bouger avec aisance et être jolie dans mes vêtements. Mais le plus important, je veux me sentir bien dans mes fringues. Sur le plan professionel, je veux être en congruence. Je suis thérapeute, et je veux que ma silhouette et mon poids soient en phase.

ROBERT *(au groupe)* : En découvrant les objectifs de Mary, je rassemble des informations non verbales. Elle nous en fournit par ses clefs d'accès visuel. Quand elle parle de bouger avec aisance, elle baisse les yeux, ce n'est pas vraiment un accès kinesthésique, en bas par là.

(A Mary) De quoi prenez-vous conscience quand vous pensez à bouger avec aisance ?

MARY : Essentiellement, de la sensation. Mais j'ai l'impression qu'il y a quelque chose par là haut aussi *(fait un geste en haut à droite)*.

ROBERT : Donc, vous avez une sensation et un vague visuel construit. Vous voulez être jolie. Cela représente quoi pour vous ?

MARY *(les yeux en haut à droite)* : Je ne me le représente pas très bien, mais j'ai la sensation d'un éclair de couleur et de mouvement. En fait quand j'y pense, cela reste très pauvre en terme d'images.

ROBERT *(au groupe)* : Je voudrais indiquer un principe général important. Quand vous interrogez un client très compétent dans un domaine donné, il se représente aisément ses succès avec de nombreux détails. Quand vous l'interrogez sur ses échecs, il n'en a que des représentations vagues accompagnées de très peu de manifestations physiologiques. A l'opposé, si vous demandez à quelqu'un qui a du mal à faire quelque chose de vous parler de ses succès dans ce domaine, sa description sera constituée de représentations internes vagues et de peu de physiologie. Mais si vous le questionnez sur ses échecs, il vous fournira toutes sortes de représentations détaillées.

Il y a quelque temps, j'ai été en contact avec la société Sybervision. Entre autres choses, ils produisent des films vidéo pour l'entraînement sportif. Ils utilisent plusieurs découvertes et méthodes PNL. L'une d'elles consiste à montrer les images, par exemple du swing de golf correct, encore et encore afin que l'élève se crée une image de référence sur laquelle prendre modèle. Plus le cerveau perçoit quelque chose, plus les niveaux de détails sont nombreux, plus on est capable d'agir, quel que soit le résultat.

(A Mary) Parlez-moi de cette image. Est-elle associée ou dissociée ? Est-ce quelque chose que vous avez déjà vu ou quelque chose de construit ?

MARY : Quelque chose de construit.

ROBERT : Décrivez-nous quand vous vous sentez bien dans vos vêtements.

MARY *(les yeux baissés vers la droite)* : Là j'ai plus l'habitude. Je peux m'y sentir.

ROBERT : Bien. Et quand vous pensez à la notion de congruence professionnelle, que se passe-t-il ?

MARY : Là encore, je ne suis pas très sûre de ce qui se passe en moi. En tant que thérapeute, je me sens très bien, et j'ai de nombreuses images de moi faisant un travail efficace. D'une certaine façon, ces images ne vont pas avec mon excès de poids.

ROBERT : Vous parlez d'une sorte de comparaison. Que comparez-vous ? Des images les unes aux autres ? Ou des images et des sensations corporelles ?

MARY : Les images ne vont pas avec le ressenti que j'ai de moi-même.

ROBERT : Mary, pensez à un moment où vous avez eu la possibilité de garder vos nouvelles habitudes alimentaires ou de reprendre les anciennes. Ce sont les anciennes qui ont gagné. Que s'est-il passé ?

MARY : Parfois, je peux rester juste un peu au-dessus du poids limite que je me suis fixé. Quand je m'en approche, c'est comme si une barrière se dressait. Plus je m'approche et plus je recule.

ROBERT : Que se passe-t-il exactement quand vous reculez ? Comment vous reculez-vous ? Donnez-moi un contexte.

MARY : J'ai l'impression que les gens me regarderaient davantage qu'ils ne me percevraient.

ROBERT : Qu'est-ce que ce critère signifie pour vous. Que vous ne voulez pas être jugée ? Que les gens connaîtraient votre moi profond ?

MARY : C'est comme si ils allaient me voir superficellement et perdre l'essence de ce que je me sens être.

ROBERT : Perdre l'essence de ce que vous vous sentez être. Y a-t-il autre chose ?

MARY : J'aime beaucoup la variété dans la nourriture, avoir des choix et des nourritures goûteuses. Si je ne recule pas, j'ai peur que ça disparaisse de ma vie.

ROBERT : Perdre la variété. Perdre l'essence de qui vous êtes. Nous sommes en présence de méta-programmes « s'éloigner de » associés négativement. Mary cherche à éviter d'être associée à un élément négatif. Atteindre son poids désiré signifierait que les gens ne sauraient plus qui elle est et qu'une certaine variété de choix ferait défaut dans sa vie.

ROBERT : Comment vous sentez-vous concernée quand

vous pensez que les gens vont réagir à votre personnalité superficielle plutôt qu'à votre moi profond ?

MARY : J'ai l'impression de changer de position, d'une certaine façon. Je me dissocie de mon image. Une phrase me revient à l'esprit, dont je croyais avoir fait le tour. Une fois, j'avais atteint un poids proche de mon poids naturel, mon mari a remarqué que je pouvais perdre autant de kilos que je voulais, j'aurais toujours l'air d'une poire.

ROBERT : Ah, ah ! Voilà un A *(auditif remémoré)* avec un beau K *(kinesthésique)*. Quoi d'autre ? Vous dites que d'une certaine façon vous « changez de position ».

Vous êtes toujours dans ce ressenti négatif, n'est-ce pas ? Nous avons donc cet ensemble de représentations et tout d'un coup, ce K négatif, très différent. C'est plutôt un K au carré, un « méga-sentiment ».

Donc vous entendez cette voix et vous éprouvez ce sentiment négatif. Entendez-vous autre chose ? Une autre voix, une autre phrase ? Cette voix a-t-elle suscité d'autres souvenirs ou d'autres réflexions ?

MARY *(les yeux en haut à droite)* : Hum, je vois la forme en poire ; c'est ma mère.

ROBERT : Est-ce une image remémorée ?

(Au groupe) La forme en poire est là haut. Elle nous dit qu'elle la voit.

(A Mary) C'est vraiment ce que vous voyez ? Est-ce une image claire ? Je vous ai vu dessiner la forme dans l'espace.

MARY : En tout cas, c'est plus net que l'image que je peux me forger de mon moi idéal.

ROBERT : Quand vous voyez cette forme, voyez-vous aussi votre mère ? Comment l'associez-vous à votre mère ?

MARY : J'ai des images d'elle, déshabillée, qui vont et viennent, plusieurs fois.

ROBERT : Combien d'images environ ?

MARY : Deux ou trois.

ROBERT : Donc trois images Vr *(visuel remémoré)*.

(Au groupe) On remarque que les représentations des expériences de Mary sont inégales. Dans les images de son état désiré, elle n'a qu'un éclair de couleur et une sensation

de mouvement. Mais maintenant la représentation est beaucoup plus riche. C'est vraiment une représentation différente. Nous devons équilibrer les deux membres de l'équation.

(A Mary) Commençons par la question de la variété. Perdre de la variété, c'est quoi pour vous ?

MARY : C'est lié aux histoires de régime. Suivre un régime limite les choix.

ROBERT : C'est à dire ?

MARY : C'est une situation ou bien/ou bien. Je ne peux pas avoir la variété en petites quantités. Soit j'ai la variété, soit je n'ai pas assez.

ROBERT : Tout ce que j'ai besoin de savoir maintenant, c'est ce qui se passe en vous quand vous redoutez de perdre la variété. Que se passe-t-il ?

MARY : Je n'ai pas d'images, mais si je regarde là-haut *(regard en haut à droite)* je ne me sens pas autant en lutte à propos de perdre de la variété.

ROBERT : La variété, d'une certaine façon, est associée à ce dialogue auditif interne. Baissez les yeux par là *(gestes vers la gauche de Mary)*. Comment allez-vous perdre la variété ?

MARY : Je ne trouve pas de mots, ce n'est qu'un bruit de tonnerre dans mes oreilles.

ROBERT : Un bruit de tonnerre. Bon.

(Au groupe) En observant Mary accéder à ses états internes, on voit tout de suite que c'est un dialogue auditif. Néanmoins pour le moment nous nous concentrons sur la structure. Nous avons à faire aux deux membres d'une équation.

Nous arrivons à la dernière étape. Nous recherchons une représentation interne plus forte que la voix de son mari lui disant qu'elle a une silhouette en poire et que l'image remémorée du corps de sa mère, en forme de poire.

ROBERT : Avez-vous jamais vécu un moment où vous avez fait quelque chose qui limitait vos choix mais que vous referiez malgré une variété restreinte ?

MARY : Apprendre ! Apprendre ! Apprendre ! Apprendre ! Apprendre !

ROBERT : Apprendre ! Cinq fois apprendre. Comment vous représentez-vous le fait d'apprendre ?

MARY : Je peux m'oublier et me perdre dans l'exercice, ou bien je peux aussi faire un exercice que quelqu'un a décidé pour moi. Comme hier dans le séminaire de formation, quand vous nous avez donné un exercice. Je pensais à d'autres façons de le faire, mais je me suis limitée aisément à l'approche que vous aviez proposée parce que je veux apprendre vos techniques. *(La voix de Mary s'est accélérée, elle est un peu plus haute, ce qui indique un accès visuel.)*

ROBERT *(au groupe)* : Je la vois accéder à plus d'états en parlant.

(A Mary) En décrivant ça, que ressentez-vous ? De toute évidence, vous avez les mots, ainsi qu'un certain ton et un rythme de voix.

MARY : Je sens beaucoup plus de mouvements, je me sens plus souple.

ROBERT : C'est quoi plus souple ? Cette sensation vous vient en mots ou en images ?

MARY : C'est un pétillement. J'ai l'impression que je peux vraiment bouger.

ROBERT : C'est un pétillement. Vous avez dit apprendre, apprendre, apprendre, apprendre, apprendre, et puis vous vous êtes dit quelque chose à vous-même. Quoi ?

MARY : Je ne peux pas vraiment entendre tout ce que je me dis, mais il y a beaucoup de rythme là-dedans. J'éprouve aussi un grand sentiment d'agilité verbale.

ROBERT *(au groupe)* : OK. Apprendre est plus fort que le manque de variété. Il y a un composant auditif, kinesthésique et visuel, chacun avec des sous-modalités bien définies. Nous avons maintenant assez d'informations pour choisir une technique particulière qui aidera Mary à réaliser les changements qu'elle souhaite. Il existe au moins trois méthode différentes en utilisant ce seul critère.

L'une d'elle est le levier. Il s'agit de retenir le critère le plus élevé dans la situation où Mary réduit volontairement ses choix *(l'apprentissage)* et de l'apppliquer à la nourriture.

Nous savons que le critère apprentissage est plus fort que

le critère variété, pourtant elle ne s'en sert pas pour gagner son poids désiré.

MARY : Ça me plaît « Gagner son poids désiré », ça sonne tellement mieux que perdre du poids.

ROBERT : Et c'est plus fort aussi. Comment faire pour qu'avoir votre poids désiré, être jolie, vous sentir bien et être équilibrée, tout ceci devienne un exercice d'apprentissage ? Voilà ce que vous avez besoin d'apprendre.

MARY : J'ai étudié le travail corporel et je suis consciente d'apprendre beaucoup par le corps.

ROBERT : Comment apprendre à avoir le poids que vous souhaitez sans perdre ni la variété ni votre sens de vous-même ?

MARY : Je crois que c'est possible, mais je n'ai pas de preuve que je peux y arriver.

ROBERT : Avez-vous des preuves que vous pouvez l'apprendre ?

MARY : Hum, j'ai la preuve que j'ai appris beaucoup de choses.

ROBERT : Dans le cas de l'apprentissage, que vous en ayez la preuve ou non n'a pas d'importance. Quand vous décidez d'apprendre quelque chose, vous ne savez pas ce qui va arriver. Vous savez qu'il existe d'autres façons de faire. C'est facile d'essayer.

MARY : J'ai toujours un sentiment là *(désigne le centre de son corps)*.

ROBERT : Vous avez un sentiment là *(désigne le centre de son corps)* que vous n'y arriverez pas. Remarquez que ce sentiment ne figure nulle part dans votre représentation de l'apprentissage. D'où vient-il ? C'est différent de vous perdre ou de ne pas avoir de variété. Ça a tout l'air d'une croyance que vous ne pourrez pas y arriver. D'où vient ce sentiment ?

MARY : D'ici *(désigne le centre de sa poitrine)*. Quand je respire, je le sens. *(Ses yeux s'emplissent de larmes et elle rougit.)*

ROBERT *(l'aide à sortir de ses émotions en lui touchant doucement le bras)* : Bon. A propos, votre physiologie me dit que voilà le sentiment le plus congruent que vous ayez.

Il y a autre chose là. Vous parlez de votre silhouette en poire. *(Mary reprend la physiologie associée au sentiment dans la poitrine.)* Dans *PNL volume I*, nous avons parlé d'une personne à la silhouette en poire qui a une stratégie particulière. Ces personnes utilisent généralement une stratégie visuelle-kinesthésique, visuelle en haut et kinesthésique en bas. Là où le kinesthésique est l'essentiel.

(A Mary) En changeant votre poids, vous changez votre stratégie. Vous devenez une personne différente, votre façon de penser est différente. Les clefs d'accès visuel commencent à prédominer sur les clefs kinesthésiques dans certains domaines, mais ça ne signifie pas que vous allez perdre votre sens kinesthésique. Les gens en poire ont tendance à se diriger visuellement, mais les sentiments sont essentiels. Donc quand vous parlez de perdre du poids, vous parlez de vous transformer. C'est permettre au visuel de faire plus partie de qui vous êtes

MARY : Mon esprit va apprendre, apprendre, apprendre, apprendre, apprendre.

ROBERT : Bien. Quand j'ai maigri, j'ai dû accepter l'idée d'être une personne différente. J'ai dû résoudre un certain nombre de problèmes par rapport à cette transformation. Votre sentiment actuel est certainement purement kinesthésique. C'est une information importante. Est-ce un sentiment ancien ?

MARY : C'est comme si, étant donnée la sihouette de ma mère, ce doit être la mienne aussi. Ça me déprime vraiment. *(Larmes.)*

ROBERT *(ancre le sentiment)* : Reprenons et restons avec ce sentiment un moment. Quand l'avez-vous ressenti pour la première fois ? D'où vient-il et quelles sont les croyances associées ?

MARY : Dans ma famille, on s'intéresse beaucoup à la généalogie et on compare beaucoup les enfants à leurs parents.

ROBERT : Vous avez ce sentiment quand vous pensez à ces discussions ? Il y a beaucoup d'émotion là.

MARY : Non.

ROBERT : Retournez au moment où vous avez éprouvé ce sentiment.

MARY : Au début de mon adolescence, maman m'a forcé à subir un lavement. Je ne suis même pas sûre qu'il y ait eu une raison médicale. Je me souviens que je pleurais et je lui demandais de ne pas le faire, et elle me l'a fait malgré tout. *(Commence à pleurer.)*

ROBERT : Ça va. Quelle croyance avez-vous construit à partir de cette expérience ?

MARY : Qu'elle gagnera et que je perdrai toujours.

ROBERT : Maintenant, nous pouvons revenir en 1986. *(Interrompt l'état en lui caressant gentiment le bras.)*

(Au groupe) Vous avez remarqué le thème « se perdre soi-même » dans les descriptions de Mary. Quand on rencontre un méga-sentiment, un K très intense, c'est généralement le résultat d'une empreinte. Dans ce cas, je me demande pourquoi la personne attache autant d'importance au critère.

Par exemple, pourquoi telle personne pense-t-elle que sa responsabilité vis-à-vis de sa famille est plus importante que de s'occuper d'elle-même ? Si une personne se cramponne autant, c'est que l'expérience relève de l'empreinte. C'est le cas neuf fois sur dix. Quand un incident comme celui du lavement se produit, c'est généralement au moment où la personne est en train de se forger des opinions sur l'identité. Croyez-vous que votre mère imaginait votre réponse ? Souvent les parents imposent leur volonté à l'enfant sans qu'il y ait empreinte. Et d'autres fois, cela contribue à déterminer la personnalité. C'est ce qui a fait de cet incident une empreinte. C'est sans doute devenu une empreinte parce que vous ne saviez pas ce qui se passait et parce que l'incident est devenu une épreuve de force.

(A Mary) Je voudrais que vous revoyiez cette jeune Mary, à la puberté en discussion avec sa mère. Etes-vous l'amie ou le lavement ? Pouvez-vous transformer cette hostilité ? *(Rires.)* Ça va être la merde. Bien. En revoyant cette scène maintenant, avez-vous fait d'autres généralisations ?

MARY : Qu'elle ne me comprend pas, elle ne me croit pas.

ROBERT : Elle ne me comprend pas. Elle ne me croit pas. Voilà un autre ensemble d'équivalences complexes. Votre mère avait-elle l'intention de vous faire perdre, de ne pas vous croire et de vous entraîner dans les difficultés que vous rencontrez aujourd'hui ?

MARY : Non.

ROBERT : En regardant cette scène du passé maintenant, quelle était son intention selon vous ?

MARY : Elle faisait ce qu'elle pensait devoir faire. C'est devenu un problème de contrôle pour elle quand j'ai résisté.

ROBERT : J'entre dans ces détails parce que la question du contrôle est fréquemment au cœur des problèmes de poids. Les gens mettent en place un saboteur interne dont la fonction est de garder le contrôle. Il trouvera un moyen de résister. Donc vous recevez le lavement et vous le retenez aussi longtemps que possible juste pour montrer à votre mère.

(Au groupe) Je me souviens avoir vécu le même genre de problèmes durant ma puberté. Mon père entrait dans la chambre le matin et disait : « Debout, c'est l'heure d'aller à l'école. » Je ne voulais pas me lever parce qu'*il* me l'avait dit. Je voulais me lever parce que *je* l'avais décidé. Alors j'attendais cinq minutes pour pouvoir me lever quand je voulais. Quatre minutes et demie plus tard, mon père m'appelait de nouveau. Je devais encore attendre cinq minutes. C'était devenu un problème de contrôle. Par la suite d'ailleurs, je me suis fait une ré-empreinte sur ce point.

(A Mary) Donc votre mère ne voulait pas de cette bataille sans vainqueur. De quoi votre mère aurait-elle eu besoin à ce moment pour que cette expérience soit plus positive pour vous deux ? De sorte que l'incident n'aurait pas pû en arriver à ce point de qui perd gagne.

MARY : Elle avait besoin de me montrer comment m'y prendre. Et aussi de m'expliquer pourquoi il fallait le faire. A cet âge-là, j'aurais pu le faire moi-même.

ROBERT : Ce que j'entends tourne autour de l'apprentissage. Donc il faut qu'elle sache que vous aimez apprendre et il faut qu'elle vous montre. Elle doit aussi accepter que vous êtes arrivée à un âge où vous pouvez commencer à vous occuper de vous. Mary, je sais qu'avec vos clients, vous savez reconnaître quand ils doivent se prendre en main. Quand il faut leur apprendre comment faire quelque chose par eux-mêmes, et non pas le faire pour eux. Souvenez-vous d'un moment où vous avez vraiment été dans cette situation, peut-être même étant enfant.

MARY : Oui, je me souviens d'une fois *(Robert pratique un ancrage de l'état dont elle se souvient)...*

ROBERT : Gardons cet ancre. Regardez votre mère en lui faisant partager cette ressource. Comment peut-elle réagir différemment dans cette situation ?

MARY : Son ton de voix change. Elle m'emmène dans une autre pièce et m'explique. Elle est calme et patiente.

ROBERT : Et la jeune Mary ? Comment réagit-elle ?

MARY : Avec soulagement et curiosité.

ROBERT : Bien. je voudrais que vous rejouiez toute la scène maintenant. Votre mère se comporte avec patience et compréhension, et vous comment répondez-vous ? Je ne crois pas que votre intention, enfant, était de réagir d'une façon qui vous gênerait le reste de votre vie. De quelle ressource la jeune Mary avait-elle besoin à l'époque pour que la situation ne se transforme pas en cette expérience désagréable ?

MARY : J'aurais dû exprimer clairement que j'avais besoin de plus d'explications.

ROBERT : Vous auriez dû exprimer que vous aviez besoin que votre mère partage ses connaissances. Le lavement ne posait pas problème. Votre mère devait comprendre que ce n'était pas une histoire de pouvoir, mais un problème d'information.

Avez-vous jamais eu besoin d'agir ainsi avec quelqu'un ? Une situation où vous avez pu reconnaître son intention et la vôtre, puis vous êtes passée à ce qui était à faire.

MARY : Oui, mais je n'arrive pas à penser à un cas précis.

ROBERT : Bien entendu, c'est *important* de citer un exemple précis. Une situation où vous étiez troublée et vous avez eu besoin d'explications sans rentrer dans une lutte de pouvoir... Une fois où vous vous êtes rendue compte que ça pouvait arriver... Où vous avez dit : « Je comprends que tu veux ça et ça, mais j'ai besoin d'avoir quelques explications d'abord. » Avec un docteur, un professeur, ou quelqu'un d'autre.

MARY : Je me souviens, chez le médecin, il voulait que je fasse des examens. Je lui ai demandé de m'expliquer tout pour comprendre les implications avant de subir les examens. Je voulais savoir ce qui allait se passer, et si il existait des alternatives. Je ne faisait pas d'opposition, je voulais seulement des explications.

ROBERT *(au groupe)* : Mary a dit un peu plus tôt en parlant de son régime, qu'elle « changeait de position ». Quand elle change de position, perdre du poids devient quelque chose qu'elle ne veut pas faire.

Que se passe-t-il lors d'une empreinte ? Le sujet commence à changer de position avec l'autre personne de son passé. C'est ainsi que maigrir devient, non pas quelque chose que vous voulez, mais quelque chose que l'on vous impose. Il s'agit alors de résister pour préserver votre intégrité. En faisant une ré-empreinte, on va changer de perspective, dans un sens ou dans l'autre, et gagner les ressources appropriées. *(A Mary)* Comment était-ce quand vous avez posé toutes ces questions au docteur ? Comment saviez-vous que vous pouviez le faire ? Quelle croyance vous a permis d'agir ainsi ?

MARY Oui, je l'ai fait. Je crois que j'ai suffisamment confiance en moi, que je peux m'exprimer, poser les questions nécessaires pour satisfaire mon besoin de comprendre dans une telle situation. Je crois également être suffisamment consciente de mes besoins pour les exprimer.

ROBERT : Bien. Donnons ces ressources à la jeune Mary, face à sa mère. *(Maintient l'ancre.)* Comment se comporte-t-elle ?

MARY : Eh bien, elle ne devient pas complètement hystérique, ne pleure pas, ne crie pas. Au lieu de tout ça, elle discute.

ROBERT : Je suppose que nous avons un effet totalement différent sur votre mère. *(Pronom : nous.)*

MARY : Je sens aussi tout mon corps se détendre. Ça

signifie que l'effet du lavement aurait été tout autre, car mon corps n'aurait pas été aussi crispé.

ROBERT : Maintenant, je veux que vous retourniez dans cette scène, que vous entriez dans le rôle de votre mère et que vous voyez toute la situation avec ses yeux. Donnez-lui la ressource de savoir quand une personne a besoin d'explications. *(Il touche l'ancre précédemment installée.)* Passez en revue ce que vous avez vu, entendu et dit.

MARY : C'est différent.

ROBERT *(continue de maintenir l'ancre)* : Rentrez dans le rôle de la petite Mary, vous avez dit que la croyance que vous aviez formée après cette expérience, c'était que votre mère ne vous comprenait pas ou ne vous croyait pas. Et maintenant que croyez-vous ?

MARY : L'une des choses que je lui ai dite en revivant l'expérience, c'est que j'avais peur. Je lui ai dit qu'elle ne savait pas ce que c'était d'avoir peur et je lui ai proposé d'en parler. C'était comme si chacune d'entre nous avait gagné quelque chose de neuf et d'utile.

ROBERT : Comment pourriez-vous formuler ça sous forme de croyance ?

MARY : Si chacune apprend ce qui est important pour l'autre, alors tout le monde est gagnant. C'est ce que je ressens maintenant.

ROBERT : Il reste encore une chose à faire. Baissez les yeux là *(gestes vers le bas à droite, montrant qu'il veut que Mary passe dans un état kinesthésique)*. Je veux que vous répétiez toutes ces croyances que vous sentez en regardant là. Que vous êtes intelligente... Que vous pouvez gagner toutes les deux... Que vous êtes capable et que vous êtes importante. *(Maintient toutes les ancres.)*

MARY : J'ai cette croyance dans de nombreuses situations, ce n'est pas difficile.

ROBERT : Bien. Revenons ici et maintenant. Vous avez également parlé d'une fois où votre mari a dit que, quels que soient les kilos que vous perdriez, vous auriez toujours l'air d'une poire. Que se passe-t-il quand vous entendez ça maintenant ? je n'ai aucune idée de son intention en disant cela. Qu'en pensez-vous ?

MARY : Qu'il aura plus de mal à apprendre. *(Rires.)*

ROBERT : Virginia Satir dit que les gens sont lents mais éducables. Quand vous avez raconté ce que votre mari avait dit, il y avait clairement des émotions. Qu'est-ce que c'était ?

MARY : C'était : « Je réussis et c'est tout ce qu'il trouve à dire. » J'ai encore perdu. Je me sentais une ratée.

ROBERT : Une double contrainte. « Même quand je gagne, j'échoue pour les gens qui comptent pour moi. » A votre avis, quelle était son intention ? J'ai entendu un mari dire à sa femme qui maigrissait : « Je t'aimerai quelle que soit ton allure, mais je suis content que tu perdes du poids. » C'est un paradoxe n'est-ce pas ? Il l'aimera quelle que soit sa silhouette, et pourtant il est satisfait qu'elle s'occupe d'elle et qu'elle fasse des efforts pour être jolie.

A votre avis quelles étaient les intentions de votre mari quand il disait que quels que soient les kilos que vous perdiez, vous auriez toujours l'air d'une poire ?

MARY : Il voulait me contrôler. C'est pourquoi il est mon ex-mari.

ROBERT : Il avait peur que vous mincissiez et que vous soyez jolie ?

MARY : Oui.

ROBERT : Il se disait : « Oh, oh, elle va devenir trop indépendante. »

(Au groupe) Je rencontre souvent ce genre de difficultés dans le travail sur les problèmes de poids.

Une femme m'a dit : « Si je m'entraîne, si je fais attention à ce que je mange, et que je me sens vraiment bien dans ma peau, je perds les gens que j'aime. » En remontant à la situation d'empreinte d'un précédent mariage, nous nous sommes aperçus qu'il reposait sur une relation de dépendance. Quand la femme a commençé à grandir, au sens de son évolution personnelle, le mari s'est inquiété, et avec le temps le mariage s'est détérioré. Plus elle se sentait bien, plus le mari s'éloignait. Elle a commencé à se dégager de cette relation en se faisant de nouveaux amis et en s'impliquant dans de nouvelles activités. Finalement le mariage a rompu. Elle n'a compris les enjeux qu'après. Elle avait la croyance que, si elle faisait des choses pour elle-même, elle détruirait ses relations les plus importantes.

MARY : Je pense que je l'ai choisi pour mari parce que j'avais le sentiment que je devais être contrôlée. Mais ces questions sont résolues maintenant.

ROBERT : Nous devons quand même nous occuper de cette phrase remémorée sur votre poids et votre silhouette en poire. Car quand vous vous souvenez de votre mari disant ça, vous retrouvez ce sentiment négatif. La croyance tient moins à votre silhouette qu'à la relation.

(Robert reprend la voix douce qu'il a utilisée pendant le dernier ancrage et touche le point d'ancrage de la réempreinte du lavement.) Nous pourrions faire une réempreinte de cela, mais écoutez plutôt la voix et faites en une expérience différente. *(Mary écoute la phrase dans sa tête tout en conservant sa physiologie de ressources.)*

ROBERT *(au groupe)* : Revenons sur ce que nous avons fait. Nous avons commencé par « faire levier » sur le critère de Mary, mais nous avons rencontré une empreinte, un sentiment très puissant, qu'il fallait ré-orienter avant de pouvoir continuer. Ces critères de levier sont un des moyens d'identifier les empreintes et de trouver dans quelles directions chercher. Maintenant que nous avons fini la réempreinte, je veux poser quelques questions à Mary à propos des critères qu'elle a énoncés.

(A Mary) Mary, croyez-vous vraiment que vous pouvez bouger avec aisance, être jolie, vous sentir bien, être équilibrée entre votre vécu et votre physique, tout ceci d'une façon naturelle ? En fait d'une façon qui vous permette de rester en contact avec votre moi profond, d'avoir de la variété, de vous nourrir correctement, et d'apprendre à faire tout ça d'une façon qui vous soit bénéfique ?

MARY *(avec beaucoup de congruence)* : Oui.

ROBERT : Reprenez votre objectif : être équilibrée, être jolie, vous sentir bien, bouger avec aisance, rester en contact avec vous-même et avoir de la variété. Je veux que ce critère adopte la même structure que votre critère d'apprentissage. Nous allons intervenir simplement au niveau des sous-modalités et de la physiologie. Vous savez quand vous vous trouvez en situation d'apprentissage car vous éprouvez un certain pétillement dans votre représentation, ainsi qu'un mouvement. Certains mots accompagnent une qualité particulière. Je veux que vous pensiez à ce que vous voudriez être. Apprendre demande un certain temps. Plutôt que de faire un régime, pouvez-vous apprendre à être la personne que vous voulez ?

Quand j'ai perdu quinze kilos, je n'ai pas fait de régime, je voulais être la personne que je suis maintenant. Je me disais : « Je ne suis pas au régime pour le moment, pourquoi devrais-je m'y mettre ? » J'ai perdu du poids parce que je suis devenu une personne différente.

Je me souviens d'une femme qui disait : « J'ai arrêté de fumer plusieurs fois, mais je n'ai pas réussi à m'arrêter vraiment tant que je ne suis pas devenue non fumeuse. » En d'autres termes, tant que le fait de ne pas fumer ne faisait pas partie de moi.

Reprenons. Mary, vous voulez que votre corps soit congruent avec votre identité professionelle. Cependant, avant la ré-empreinte, votre image de thérapeute efficace ne s'accordait pas avec votre estime de vous-même. Qui plus est, vous vous inquiétiez de ce que les gens vous regarderaient plus qu'ils ne saisiraient qui vous êtes réellement. Le commentaire de votre mari comme quoi, quels que soit le nombre de kilos que vous perdiez, vous auriez toujours l'air d'une poire, offre un paradoxe intéressant de ce point de vue. D'un côté il n'a pas senti le vous profond de votre vie professionnelle. De l'autre, il a sans doute touché un vous réel auquel vous vous sentiez liée, résultat d'une empreinte adolescente, imposée par votre mère. Je trouve intéressant que vous disiez que l'image de son corps était plus précise que n'importe quelle image de votre moi idéal. Cela indique que votre image professionnelle était en fait plus une idéalisation que votre moi profond, et crée un V-K dissocié qui se manifeste dans la forme de la poire, visuel dans la partie supérieure et kinesthésique en bas. La ré-empreinte que nous avons faite a rééquilibré ces deux canaux par l'apport de ressources auditives. C'est la capacité d'exprimer vos besoins d'informations et de poser des questions.

Maintenant que nous avons éliminé les croyances limitantes de votre histoire personnelle au moyen de la ré-empreinte, vous avez tout loisir d'apprendre, apprendre, apprendre, apprendre, apprendre comment être plus mince et plus équilibrée. Plusieurs fois, quand vous parliez de de vos ressources d'apprentissage, vous avez utilisé le mot « apprendre » cinq fois de suite. Ce nombre me paraît important et je voudrais l'intégrer dans votre travail sur le poids.

Premièrement, nous avons tous cinq sens, et il me semble que pour maigrir, chacun d'eux peut nous apprendre quelque chose. Deuxièmement, il existe cinq niveaux d'apprentissage : l'environnement, le comportement, la capacité, la croyance et l'identité. Les cinq sens donnent une dimension horizontale à l'apprentissage et les cinq niveaux, une verticale. Donc pour apprendre,apprendre, apprendre, apprendre, apprendre, vous devez chercher que voir, qu'entendre, que sentir, que toucher, que goûter dans votre environnement, votre comportement, vos capacités, vos croyances et votre identité, qui vous aideront à devenir plus légère et plus équilibrée. Voilà qui devrait vous donner de la *variété*.

MARY : Hum, ça a l'air intéressant.

ROBERT : Tout à fait. Vous pouvez vous en tenir aux éléments qui vous apportent le plus de variété tout en vous donnant ce que vous voulez acquérir, comme vous l'avez fait dans l'exercice d'hier.

Maintenant, je voudrais que vous vous installiez confortablement. Entrez en vous et trouvez le point d'où vous pouvez apprendre totalement et pleinement. *(Pause.)* Bien. Sentez profondément ce que c'est que d'avoir une identité congruente et coordonnée. Ecoutez, ressentez les qualités professionnelles pleines de ressources qui incarnent ce que vous savez être au plus profond de vous. Représentez-vous de quoi vous avez l'air avec toutes ces qualités. Imaginez la forme et la qualité de vos gestes, non pas comme une image idéale, mais comme l'image de votre réalité, en accord avec qui vous êtes. Inspirez profondément, inspirez cette image et faites la circuler en vous pour qu'elle devienne une partie de vous. Remarquez le goût et le parfum qu'elle laisse dans votre bouche. Que ce goût et ce parfum vous guident et vous nourrissent dans l'avenir. Passez en revue les croyances dont vous avez besoin pour être cette personne équilibrée et congruente. Quand toutes les parties de vous-même auront appris ce qui est important pour chacune, toutes gagneront. Vous pouvez ressentir quand vous avez besoin d'apprendre et vous pouvez demander des explications.Vous pouvez avoir la variété que vous aimez de nombreuses façons (en plus de la nourriture). Laissez votre mental flotter, passez votre vie en revue et trouvez des exemples de situations où vous avez déjà agi ainsi. Eprouvez ce besoin d'explications. Eprouvez la curiosité qui vous pousse à poser des questions. Entendez le ton de votre voix qui exprime vos besoins avec la certitude qu'ils seront satisfaits. Voyez-vous dans toutes ces situations où vous avez su satisfaire vos besoins, celle-ci, celle-là, celle-ci, et celle-là, chacune avec son parfum unique. Régalez-vous de ces situations où vous avez su suivre la piste de vos besoins et vous nourrir des informations nécessaires.

Passez en revue vos capacités, ce sont elles qui soutiennent votre identité et vos croyances. La capacité d'apprendre avec tous vos sens. De dévorer des yeux et des oreilles le monde autour de vous, de vous nourrir de curiosité et de stimulation. De trouver tous ces choix qui enrichissent votre carte du monde et vous donnent plus d'espace pour bouger librement. De modéliser ceux qui ont réussi à équilibrer leur identité professionnelle et privée d'une façon écologique et harmonieuse. La capacité de vous absorber, de vous perdre dans ce que vous faites et de suivre votre instinct. C'est bien. Votre inconscient sait. Votre capacité à parler et à poser des questions pour satisfaire votre besoin de comprendre. La fluidité, le pétillement, le rythme, là sur le bout de la langue. votre but est si proche que vous pouvez presque en sentir le goût.

Entrez en contact avec les comportements spécifiques que votre moi réel adopte progressivement. Voyez, entendez, ressentez, goûtez, humez toutes ces variétés d'apprentisssage qui vous permettront de vivre des choses nouvelles dans votre vie : vous entraîner, faire la cuisine, rencontrer les autres, marcher, bouger, boire ce qui est bon pour vous. Mangez ce qui vous convient et qui est écologique. Tant de choses nouvellles et merveilleuses à apprendre.

Explorez votre environnement. Qu'est-ce qui est nouveau ? Quels aliments conserver ? Quels parfums et quels goûts représentent le mieux votre nouvelle personnalité ? De quelles formes, quelles couleurs, quelles textures, quels sons vous entourerez-vous pour vous rappeler cette transformation ? Peut-être qu'en mangeant plus de poires, vous pourrez vous débarrasser de cette forme qui ne vous convient plus votre silhouette se transformera, attirant la personne avec qui vous formerez un nouveau couple. Trouvez des ancres pour tous vos sens. Quelle variété pouvez-vous introduire dans votre environnement en termes de couleurs, de musique et d'activités qui stimuleront vos nouvelles capacités, vos nouveaux comportements, vos croyances et votre identité ?

C'est bien. Donnez-vous l'autorisation d'apprendre, d'apprendre, d'apprendre, d'apprendre, d'apprendre, de trouver les informations dont vous avez besoin pour satisfaire chaque niveau de votre être et nourrir tous vos sens. Et peut-être qu'en vous autorisant à prendre conscience des images, des sons, des odeurs de la pièce où vous vous trouvez... votre corps, le goût dans votre bouche,... vous pouvez sentir votre nouveau moi entrer pleinement en contact avec le présent et être en total accord avec lui-même.

MARY : Merci.

Synthèse : la hiérarchie des critères

1. Identifiez le comportement que la personne veut adopter mais s'empêche de faire quand par exemple, la personne veut s'entraîner régulièrement.

2. Dégagez le critère qui motive la personne à vouloir se comporter ainsi, par exemple : s'entraîner « pour être en forme » et « pour avoir la forme ».

a) Décodez la stratégie et/ou les sous-modalités de la personne pour chaque critère, par exemple : la santé = Ad/Vc (Auditif dialogue/Visuel construit), « l'aspect physique » = Vc (Visuel construit).

3. Identifiez le critère qui empêche la personne de changer.

Remarque : Les critères en jeu à ce niveau sont plus forts puisqu'ils dépassent la motivation du sujet. Exemple : La personne ne peut pas s'entraîner régulièrement parce qu'elle « n'a pas le temps », ou parce que « c'est douloureux ».

a) Décodez la stratégie et/ou les sous-modalités de la personne pour chaque critère, par exemple :

Pas le temps » = Vr/K (Visuel remémoré/Kinesthésique),

« Ça fait mal » = K (Kinesthésique).

4. *a)* Dégagez un critère de niveau plus élevé qui peut dépasser les critères limitants de 3. En demandant par exemple : « Qu'est-ce qui est suffisamment important pour vous, pour que vous trouviez toujours le temps, même si ça fait mal ? » Une réponse possible : « Mes responsabilités famillliales. »

b) Décodez la stratégie et/ou les sous-modalités que la personne utilise pour adopter ce critère « responsabilités familliales ». Par exemple : Vc/K (Visuel construit/Kinesthésique).

5. Vous êtes maintenant à même d'employer une des techniques suivantes :

a) Effet de levier : Appliquez le critère le plus élevé au comportement désiré pour dépasser les objections limitantes. Par exemple : « Puisque votre comportement est un modèle pour les votres, ne serait-il pas plus responsable de votre part de trouver le temps de vous maintenir en bonne santé et d'entretenir votre forme ? »

b) Accord du critère limitant : trouver un moyen d'atteindre le comportement désiré qui répond au critère sur les trois niveaux et qui n'enfreint pas le critère limitant. Par exemple : « Existe-t-il un programme cohérent d'entraînement qui ne prenne pas trop de temps, qui ne soit pas douloureux et auquel votre famille pourrait participer ? »

c) Utilisation de la stratégie/sous-modalité : adaptez la stratégie et/ou la sous-modalité du critère du comportement désiré pour qu'il s'accorde avec les caractéristiques de la stratégie/sous-modalité du critère le plus élevé.

NOTES

1. Robert Dilts, Richard Bandler, Judith DeLozier, Leslie Cameron-Bandler et John Grinder, *NLP Volume I*, Meta Publications, 1979.

7

En savoir plus sur la PNL et la santé

Les méthodes de visualisation et l'écologie

Pour renforcer l'action du traitement et permettre au malade de fortifier ses croyances quant à sa capacité de guérison, des méthodes ont été mises au point, dans lesquelles la visualisation joue un rôle essentiel. Etant donné les considérations écologiques que nous avons développées dans ce livre, je souhaite émettre quelques réserves quant à l'utilisation de certaines méthodes de visualisation dans le domaine de la santé. Voici pourquoi : le stress ou la maladie peuvent être provoqués ou accentués par un conflit interne, or certaines formes de visualisation risquent d'augmenter le stress[1]. La métaphore qui présente les leucocytes en « bons » et les cellules cancéreuses en « méchants », illustre le conflit interne de la personne, mais risque de l'exagérer indûment. Je trouve très dommage que toute notre compréhension du système immunitaire repose sur une métaphore guerrière.

Quand ma mère était aux prises avec son cancer, elle utilisait une méthode de visualisation plus écologique. Elle se représentait les leucocytes comme des moutons dans une prairie mangeant les mauvaises herbes (les cellules cancéreuses) qui se multipliaient. Sa tumeur était une herbe qui avait trop poussé et qu'il fallait recycler pour créer une harmonie écologique. Imaginez ce qu'est une cellule cancéreuse. Ce n'est pas un envahisseur étranger, mais une partie de vous-même identique en de nombreux points à vos cellules saines. Son programme est simplement brouillé. Des expériences montrent même que des cellules cancéreuses redeviennent parfois « normales » dans des assiettes de Pétri. C'est pourquoi, quand vous travaillez des questions de santé à l'aide de la visualisation, il faut éviter toute référence aux bons et aux méchants sous peine d'amplifier un conflit existant. Vous devez essayer de faire coopérer les deux parties à la création d'un état harmonieux.

Pour une visualisation efficace

Tim et Suzi étudient les méthodes de visualisation depuis douze ans. Avant d'introduire les filtres PNL dans la visualisation, ils cherchaient à comprendre pourquoi certaines personnes réussissaient à créer des changements comportementaux et physiologiques rapidement, alors que d'autres n'y arrivaient pas même après de longues périodes de visualisation. Par exemple, un de leurs étudiants dans un atelier sur le stress souffrait de sinusite chronique, à tel point qu'il en était venu à penser que c'était pour la vie. Après avoir utilisé les méthodes de Tim et Suzi, il leur dit que sa sinusite avait disparu soudainement et qu'il se sentait très bien. Il avait pratiqué leur visualisation plusieurs jours de suite. D'autres personnes qui avaient suivi le stage leur ont raconté des cas similaires. Mais pour un certain nombre, malgré leurs efforts soutenus pour visualiser l'amélioration d'un symptôme ou d'un problème, aucun changement ne s'était produit.

A l'époque Tim et Suzi enseignaient la visualisation « classique » avec différentes approches qu'ils avaient étudiées dans des livres[2]. Fondamentalement, ces ouvrages décrivent des procédures identiques et résument la démarche ainsi :

1) Sachez ce que vous voulez. Utilisez des affirmations ou toute autre technique pour contrer vos objections internes.

2) Relaxez-vous et mettez-vous dans un état réceptif.

3) Visualisez-vous ayant obtenu ou faisant ce que vous souhaitez d'une façon aussi riche et détaillée que possible.

4) Attendez et croyez fermement en votre objectif.

5) Dites-vous que vous le méritez.

Tim et Suzi ont travaillé avec des personnes qui visualisaient facilement et d'autres qui n'y arrivaient pas. En appliquant des filtres PNL, ils ont mis à jour des différences importantes entre les deux groupes. Premièrement, les personnes qui réussissent leurs visualisations ont des résultats cohérents avec leurs désirs et satisfont aux conditions de formulation d'objectifs énoncées par Bandler et Grinder[3]. Deuxièmement, ils utilisent des sous-modalités différentes de celles du groupe qui n'atteint pas ses objectifs.

Les gens qui visualisent mal ont souvent une image dissociée d'eux-mêmes quand ils se représentent leur état désiré. Il arrive même que ce soit une petite image fixe, encadrée qui n'a *rien* de stimulant. Par contre ceux qui réussissent sont capables de créer une représentation de leur objectif dans laquelle ils sont associés. Cela signifie qu'ils voient ce qu'ils veulent obtenir par leurs propres yeux, qu'ils l'entendent, le palpent, le goûtent et bougent comme s'ils étaient déjà dans la situation. Cette façon de visualiser déclenche une attitude positive quant à la visualisation et renforce l'utilisation de la technique.

Croire qu'une action va entraîner un résultat — l'attente du résultat — joue également un rôle important. Les sujets qui réussissent vivent leur succès dans les mêmes sous-modalités visuelles, auditives et kinesthésiques que celles de l'attente du résultat.

Pour créer vos propres sous-modalités, pensez un moment à une habitude, par exemple vous endormir le soir, et vérifiez votre mode de fonctionnement. Quelles images internes formez-vous ? Vous parlez-vous à vous-même ou entendez-vous quelque chose ? Quels sont les aspects kinesthésiques associés, sensations de mouvements ou de toucher ?

Les personnes qui ne réussissent pas à visualiser codent souvent leur expérience interne dans les sous-modalités de l'espoir ou même du doute. Vérifiez vos propres sous-modalités de l'espoir en pensant à quelque chose que vous souhaitez fortement. Vous aimeriez que ça arrive, bien que vous n'en sachiez rien, par exemple avoir une promotion au travail ou que votre époux se souvienne de votre anniversaire. Observez vos représentations internes, visuelles, auditives et kinesthésiques. Les sous-modalités les plus fréquentes qui conduisent à l'échec sont les images floues, les films dissociés, un ton de voix interrogateur, ou des représentations multiples — plusieurs images d'échec et de succès apparaissant alternativement ou simultanément.

Vous pouvez vous servir de la visualisation pour améliorer votre santé. Mais, quel que soit l'objectif, pour l'atteindre il vous faut avoir une représentation bien formée du résultat, une expérience associée de l'état désiré sans oublier toutes les sous-modalités de l'attente de résultat. Voici une description complète d'une méthode de visualisation que nous trouvons très utile.

Formule de changement comportemental

1. Décidez ce que vous voulez vraiment. Ce doit être quelque chose sous votre contrôle et que vous voulez positivement (par opposition à « Je ne veux pas »). Déterminez les éléments qui vous permettront de savoir que vous avez atteint votre but et déterminez ce que vous verrez, entendrez et ressentirez qui vous apportera la preuve de votre réussite.

• Quelles sont les conséquences positives et négatives que la réussite de votre objectif peut avoir ? Modifiez cet objectif en prenant en compte toute conséquence négative interne ou externe.

• Traitez toutes les réserves qui surgissent concernant votre objectif. Ecrivez les raisons qui vous empêchent de l'atteindre, autorisez-vous à vivre pleinement tous les sentiments négatifs et trouvez une phrase positive qui vous libère de vos blocages éventuels.

2. Mettez-vous dans un état d'esprit détendu et réceptif.

3. Pensez à quelque chose qui va arriver en toute certitude. Entrez en vous-même et prenez conscience des qualités (sous-modalités) de vos images internes (couleurs, positionnement, luminosité, précision, nombre d'images), prenez conscience des sons et des voix (ton, volume, hauteur) et de vos sensations (toucher, envie de bouger et d'agir) quand vous êtes dans cet état d'esprit. Ecrivez toutes ces sous-modalités pour en garder la trace.

4. Imaginez-vous ayant atteint votre objectif comme si vous vous voyiez dans un film.

Si vous n'aimez pas ce que vous voyez, modifiez-le jusqu'à ce que ça vous convienne.

Si ça vous convient, entrez dans votre film et imaginez que vous êtes en train de vivre votre objectif en utilisant les sous-modalités de l'attente.

5. Détendez-vous, dites-vous que vous le méritez.

Les métaphores

Le langage des organes

Dans le travail sur des questions de santé, il faut particulièrement prêter attention au langage des organes : les gens utilisent fréquemment des expressions qui renvoient à des parties du corps. Ce sont des références métaphoriques à certains problèmes physiologiques. Il semble que l'inconscient interprète le langage et renforce les symptômes exprimés dans le discours du patient.

Par exemple un homme passait tout son temps libre à participer à des compétitions de tennis amateur malgré les demandes de sa famille. Il a commencé à avoir des problèmes de genoux (Je-nous).

Au cours du travail, il faut être attentif aux expressions

du corps qui corroborent dans une certaine mesure le problème exprimé par le client, et se servir de cette métaphore en lui parlant. Il faut observer tous les changements physiologiques qui permettent de voir que l'on cerne la question. Son inconscient va répondre. Voici quelques exemples d'idiomes métaphoriques, sans perdre de vue que ce ne sont que des illustrations :

Problèmes dermatologiques : Est-ce que ça vous démange de faire ça ? Avez-vous pris une décision à brûle-pourpoint ? Avez-vous le sentiment de devoir vous battre bec et ongles dans votre travail ? Dans cette situation vous sentez-vous mal dans votre peau ? Est-ce que cette situation vous donne des boutons ?

Problèmes digestifs, ulcères : Qu'est-ce qui vous ronge ? Est-ce que quelque chose ou quelqu'un vous donne envie de vomir ? Y a-t-il quelque chose que vous ne pouvez pas avaler ? Ça demande des tripes de faire ça ?

Maux de tête, de nuque : Qui (ou quoi) vous prend la tête ? Foncez-vous toujours tête la première dans les mêmes difficultés ? Portez-vous le poids du monde sur vos épaules ?

Problèmes de poids : Qu'attendez-vous ? Y a-t-il une partie de vous-même qui se perd ? Avez-vous des problèmes lourds à supporter ?

Vision : Qu'est-ce que vous ne voulez pas voir ? Y a-t-il quelqu'un ou quelque chose que vous ne pouvez pas voir en peinture ? Avez-vous une image étriquée d'une personne ? Avez-vous l'impression que rien n'est clair ?

Constipation : Qu'est-ce que vous retenez ? Vous sentez-vous toujours obligé de garder le contrôle ? Vous cramponnez-vous à vos difficultés ? Avez-vous l'impression que pour vous rien n'est facile ?

Problèmes cardiaques : Quelque chose ou quelqu'un vous brise-t-il le cœur ? Qu'est-ce qui vous fait mal au cœur ? Faites-vous quelque chose sans y mettre tout votre cœur ? Attendez-vous d'avoir un coup de cœur à propos de quelque chose ?

Hémorroïdes : Avez-vous l'impression de prendre des coups de pied au cul ? En avez-vous plein le cul ?

Je me sers des métaphores organiques surtout comme d'un outil de diagnostic. Il y a quelques années, j'ai travaillé avec un homme qui présentait un symptôme très intéressant. Son sang coagulait et ralentissait dans tout son corps. Il me dit avoir été « hors circuit » pendant quelques années à cause de sa maladie, et je lui ai répondu : « Le sang est plus épais que l'eau. » Il a compris tout d'un coup que ses symptômes avaient commencé deux ans plus tôt quand il a appris que sa fille se mourait d'une tumeur au cerveau. Il n'avait pas réussi à se défaire de cette expérience douloureuse et s'était mis lui-même hors-circuit.

Je ne crois pas qu'une métaphore déclenche une maladie, il se peut au contraire que la maladie soit reflétée dans la métaphore. De toute façon, au cours du travail, la métaphore peut apporter des informations essentielles.

La métaphore comme cadre du changement

J'ai fait un travail très enrichissant avec une femme d'une trentaine d'années qui souffrait de leucémie depuis l'enfance. Métaphoriquement, on peut se représenter les globules blancs de la leucémie comme des cellules qui refusent de grandir, immatures, de sorte qu'on est protégé d'une manière enfantine. Les cellules ne savent pas comment réagir, elles se multiplient et cela crée toutes sortes de complications. La situation empira encore quand les médecins diagnostiquèrent un cancer du colon. Le traitement aggravait la leucémie et vice-versa. La jeune femme se trouvait vraiment dans une double contrainte. Nous avons d'abord travaillé autour des « Je veux ». Je voulais qu'elle soit claire sur sa volonté d'être ou non en bonne santé. En fait son conflit avec sa mère l'avait amenée à se jurer de ne jamais grandir, et elle avait conservé cette empreinte. Après avoir fait des ré-empreintes et recadré, nous avons examiné les « comment » de ce qu'elle devait visualiser pour que son système immunitaire réagisse de façon appropriée.

Après ce travail, un phénomène tout à fait intéressant s'est produit. Elle entre à l'hôpital universitaire pour une série d'examens. La prise de sang donne un résultat de 53 000 unités par volume (le taux normal étant de 6 000 à 10 000). Les assistants sont très inquiets. « Attendez, dit-elle je suis très stressée par mon voyage. Donnez-moi un peu de temps, et je vais changer ça. » Les docteurs ricanent, mais elle fait sa visualisation. Vingt minutes après, elle leur demande de procéder à une nouvelle prise de sang. Le décompte est revenu à 12 000 unités par volume. Croyant à une erreur les médecins lui demandent de refaire l'analyse. Elle accepte et arrête sa visualisation. Quand ils refont l'analyse vingt minutes plus tard, le décompte est de nouveau à 53 000 unités. Ils concluent que la seconde analyse était fausse. Elle refait donc de la visualisation et, vingt minutes après, le décompte est repassé à 12 000. Ils ont répété l'analyse cinq fois et ont finalement conclu à un effet placebo, mais ma cliente a compris qu'elle seule était la cause de ces variations. Elle s'était ainsi apporté la preuve que son sytème de « comment » fonctionnait.

Après les examens, son chirurgien a voulu fixer une date pour l'ablation d'une partie importante du colon. Elle a repoussé la chirurgie pour pouvoir continuer à travailler sur elle-même. Elle savait qu'elle maîtrisait les « je veux » et avait prouvé qu'elle savait « comment ». Lors d'un dialogue avec une partie de son inconscient responsable de sa santé, elle l'avait interrogée sur le temps nécessaire pour guérir. La « partie » était très congruente, environ seize jours.

Quand elle donna sa réponse au chirurgien, il fut irrité, mais accepta de reporter l'opération. Il voulait cependant la voir périodiquement. Au bout de dix jours, la visite ne montra pas de différence notable, il s'inquiétait estimant qu'elle se mettait en danger en repoussant l'opération. Elle accepta de fixer l'opération le dix-septième jour, mais prit rendez-vous pour une nouvelle visite le seizième jour. Le seizième jour, il n'y avait plus trace de la tumeur. Le chirurgien, surpris, lui dit que son cancer était en rémission, mais qu'il pouvait resurgir à tout moment. Je trouve que la rémission est un curieux concept. Je peux dire que mon rhume est en rémission depuis cinq ans. Tous les éléments qui provoquent le rhume sont présents en permanence, mais mon système immunitaire les garde sous contrôle.

Il y a peu de temps, j'ai reçu des nouvelles de cette femme. Elle a adopté un enfant, signe qu'elle reste en bonne santé et a l'intention de vivre longtemps. Elle m'a appris qu'elle avait récemment passé plus de six heures d'examens. Non seulement les docteurs n'ont plus trouvé de symptômes de cancer du colon ni de leucémie, mais ils n'ont même pas trouvé de traces indiquant qu'elle avait souffert de ces deux maladies. Elle m'a remercié pour deux croyances importantes — des croyances que je considère comme le cœur de ce livre. Premièrement de l'avoir aidée à construire la croyance que la maladie est une communication, et que si on y répond, le symptôme disparaît de lui-même. Quand on est en communication avec soi-même et son corps, on peut se maintenir en bonne santé.

Deuxièmement, il existe souvent plusieurs communications et plusieurs causes à la maladie. En travaillant sur l'une d'entre elles, on peut ne pas résoudre tout le problème. En réagissant à toutes ses communications, une personne peut éventuellement recouvrer la santé. Je lui avais proposé une métaphore sur une maman oiseau et ses oisillons dans le nid. Ils piaillent tous pour être nourris tout de suite. Si elle en nourrit un, tous les autres piaillent et la tâche semble impossible. De plus si elle nourrit les autres, celui qui a reçu la becquée en premier recommence à pousser des cris. Mais si on maintient une communication équilibrée entre toutes nos parties (les oisillons) nous arrivons à les nourrir toutes. Elles se développent et grandissent pour atteindre leur autonomie.

En relation avec les cellules de la leucémie, c'est une métaphore puissante. Elles n'arrivaient pas à maturité et criaient leur besoin de nourriture. Cela a a été une métaphore et une visualisation extrêmement riches.

Questions

UN HOMME : Quels sont les pourcentages de réussite des personnes travaillant sur les croyances avec les modèles PNL que vous avez développés concernant la santé ? Je sais que vous avez travaillé avec des médecins. Y a-t-il un suivi ?

ROBERT : Je ne peux pas vous répondre avec des statistiques précises. L'une des difficultés essentielles pour arriver à des chiffres dans ce domaine, c'est que nous touchons un aspect holistique de la santé. Mais la santé est faite de très nombreux composants.

Dans le travail sur les croyances, les réponses et les résultats peuvent varier beaucoup. Parfois, un travail sur les croyances limitantes se révèle être la dernière pièce du puzzle, le fétu de paille qui brise le dos du chameau, le dernier élément dans la masse du changement nécessaire pour retrouver la santé.

J'ai reçu des nouvelles de personnes qui ont connu des guérisons spectaculaires alors qu'elles assistaient à des démonstrations au cours d'ateliers. Une femme souffrait d'un kyste ovarien dont elle n'avait parlé à personne (pas même à moi). De retour chez elle, après l'atelier, le kyste était résorbé. Une fois, au cours d'un travail sur un problème de poids, le responsable de la vidéo a modifié certaines de ses croyances sur lui-même. Il a perdu quinze kilos après l'atelier. Au cours de ce même séminaire, le responsable de l'autre caméra voulait travailler sa vision. Je n'ai pas pu m'entretenir avec lui personnellement. Néanmoins, trois semaines après, sa vision s'était améliorée de soixante pour cent. Un an après et jusqu'à ce jour, il n'a plus besoin de lunettes. Voilà quelques exemples de changements majeurs qui surviennent sur des personnes qui ne sont même pas engagées dans un travail de transformation personnelle. Ce qu'il y a de bien avec les croyances, c'est qu'elles sont contagieuses.

Permettez-moi de vous donner d'autres exemples de résultats que nous avons obtenus avec des personnes directement impliquées dans un travail sur les croyances. Le résultat que l'on peut espérer est directement lié au type et à la gravité du problème. Il y a plusieurs mois au cours d'un atelier, j'ai travaillé avec un homme qui souffrait d'un cancer grave. Je sais que depuis, il passe par des hauts et des bas, et que pour le moment sa santé n'est pas très bonne. Mais des gens qui sont venus me voir à propos de maladies graves, comme la sclérose en plaques, se trouvent soulagés. Souvent après un travail, la personne remarque une amélioration, puis traverse une phase en plateau. Au cours d'un séminaire, j'ai fait une démonstration avec une femme qui souffrait d'arthrose sévère. Un an après, les organisateurs de l'atelier ont voulu la faire revenir pour parler des changements survenus. Ils ont eu du mal à trouver un horaire car elle avait déjà prévu d'aller faire du surf et de l'équitation ce week-end là. C'est un bon indice des changements qu'elle a opérés dans sa vie.

Je reçois également beaucoup de commentaires de personnes que j'ai aidées sur la question du poids. Les changements observés sont durables, et apportent des résultats positifs. Il s'agit souvent de transformer sa croyance pour adapter son poids à ce qui est bon pour la personne.

J'ai aussi travaillé avec plusieurs personnes souffrant de lupus érythémateux disséminé. C'est une maladie dans laquelle le système immunitaire s'attaque lui-même. Ma cliente venait juste d'apprendre sa condition, jusque-là ses symptômes n'avaient pas évolué beaucoup. Après notre travail, ses analyses de sang sont redevenues normales. J'ai eu de ses nouvelles un an et demi après, elle va bien. Une autre avait perdu l'usage de ses reins à cause du lupus et était dyalisée régulièrement. Elle m'a dit que son attitude s'était améliorée, que ses relations familiales étaient plus faciles et qu'elle allait vraiment bien. Cependant, elle n'a pas récupéré ses reins.

Après avoir découvert le modèle des croyances, Tim a travaillé sur les difficultés relationnelles et l'estime d'elle-même d'une femme. Elle était séropositive, à la suite de relations sexuelles avec son ex-mari. Environ trois mois après la thérapie, elle est retournée à l'hôpital pour des analyses. Le diagnostic était négatif, et cela dure toujours.

Quand les gens que j'ai formés utilisent ces techniques, ça marche bien dans de nombreux cas. Tim et Suzi ont reçu la visite d'une femme chez qui on venait de diagnostiquer une tumeur maligne de la thyroïde. Elle était tellement convaincue que la PNL pouvait l'aider qu'elle a repoussé la chirurgie d'un mois, malgré l'insistance de son médecin pour que l'opération ait lieu tout de suite. Après deux sessions sur ses croyances, elle a décidé de se faire opérer, bien que la tumeur paraisse plus petite. La biopsie pratiquée après l'opération a montré que la tumeur n'était plus maligne.

Quant aux sujets des démonstrations de ce livre, au moment de sa rédaction, Judith et Mary ont toutes deux maigri. Tim et Suzi, qui ont vu Mary récemment, affirment qu'elle n'a plus sa silhouette en forme de poire ! Le système immunitaire de Bill s'est remis à fonctionner et six mois plus tard, son test HIV est redevenu négatif, à la grande surprise de ses médecins. Il est négatif depuis deux ans. Après la séance de résolution des conflits avec Dee, on a amené, à sa demande, deux chats dans la salle. Elle les a tenus dans ses bras et a joué avec eux, sans aucun symptôme allergique.

Vous savez, c'est difficile d'obtenir un taux de réussite de 100 % avec une seule intervention sur un système aussi complexe que l'homme. Nous essayons, pour la plupart, d'augmenter notre taux de réussite quand nous aidons des personnes à résoudre des problèmes liés à la santé. Quelles ont été les réussites de ceux qui ont travaillé avec ce modèle ?

KATE : Ce modèle a eu un impact considérable dans mon travail et j'ai observé des réussites spectaculaires, mais pas tout le temps. C'est pourquoi je suis venue, je veux mieux comprendre comment travailler avec les différentes personnalités. Il y a environ un mois j'ai travaillé avec ma mère dont le système immunitaire déficient entraîne un dysfonctionnement musculaire des jambes. La semaine dernière, l'état de ses jambes s'était suffisamment amélioré pour qu'elle reconduise (elle ne conduisait plus depuis un an).

KEN : J'ai découvert ce modèle il y a environ six mois lors

d'un atelier et depuis je travaille avec une femme qui a vraiment changé. Elle était déprimée depuis l'âge de huit ans quand sa mère est morte. Je ne crois pas qu'elle ait jamais été heureuse jusqu'à ce que j'utilise le modèle de changement avec elle. A vrai dire, je pourrais vous donner des dizaines d'exemples pour lesquels ce modèle a été vraiment efficace.

UN HOMME : Travaillez-vous avec les universités ou les instituts qui font de la recherche psychosomatique ?

ROBERT : Nous travaillons avec l'Ecole de Médecine de l'Université de Miami, où certains programmes ont été introduits mais nous n'avons pas encore reçu de statistiques. C'est une question de temps au fur et à mesure qu'ils expérimentent nos protocoles. Il ne faut pas perdre de vue que certaines variables peuvent plutôt nuire aux statistiques de toute façon. Tant de choses dépendent du sujet, de ce qui se passe, de son écologie, du système familial, des souvenirs d'enfance, et bien d'autres facteurs. Une session peut ne pas suffire pour traiter tous ces éléments.

UN HOMME : Le concept de cancer a différents sens selon les personnes. Pouvez-vous nous en dire davantage ?

ROBERT : Reprenons l'exemple de ma mère. Quand nous avons travaillé sur la récurrence de son cancer, nous avions des croyances très répandues et des croyances plus médicales sur ce qu'un cancer représente. Par exemple, certains pensent que le cancer tue. Cependant ce n'est pas le cancer qui est responsable de la mort mais l'effondrement du système immunitaire. En fait c'est la réponse de l'organisme au cancer qui provoque la mort. On ne meurt généralement pas du cancer directement, mais comme le système immunitaire ou une autre partie de l'organisme s'affaiblit tellement qu'il se dérègle, l'infection prend le dessus et l'organisme ne peut plus fonctionner.

Certains croient que le cancer est un envahisseur étranger et qu'il faut faire quelque chose d'exceptionnel pour s'en débarrasser. Le cancer n'est pas un étranger. Ses cellules sont vos cellules. Il faut vous transformer pour créer la santé, non pas pour vous débarrasser de quelque chose.

Selon une autre croyance, beaucoup de gens ont un cancer à un moment ou à un autre de leur vie, et l'essentiel c'est que le système immunitaire soit suffisamment sain pour réagir. Il y a plein d'exemples de rémissions spontanées. On les appelle rémission parce que personne n'est capable d'établir précisément le renversement de tendance.

Il arrive que les croyances médicales entrent en conflit avec les méthodes psychologiques pour retrouver la santé. Ma mère, par exemple, a d'abord dû affronter l'opposition de certains médecins. Quand elle a parlé à son chirurgien du travail que nous faisions sur ses conflits internes, il lui a dit que c'était des salades et que ça la rendrait folle. Quand j'ai essayé d'expliquer les idées et les recherches qui sous-tendent notre travail, il m'a regardé et m'a dit : « Vous ne devriez pas vous servir de votre mère pour vos expériences ! » Néanmoins, à ce moment-là, les docteurs n'offraient aucune alternative. Ces problèmes sont bien réels. Les médecins exercent un grand pouvoir sur leurs patients et influencent leurs croyances. Un patient gravement malade est très vulnérable. Ma mère et moi étions convaincus que les médecins voulaient son bien, qu'ils ne voulaient pas que l'un d'entre nous agisse de façon irresponsable ou entretienne des espoirs vains. Plutôt que de rejeter les médecins, nous avons réagi à leurs intentions, pas à leurs mots.

A la suite du travail que nous avons fait ensemble en 1982, ma mère est en bonne santé. Ces mêmes médecins l'appellent aujourd'hui leur malade vedette. Elle est toujours en bonne santé et a même tourné un film publicitaire pour la télévision.

Quand on travaille sur un phénomène comme le cancer, on rencontre plusieurs sortes de résistance. Lors d'une première séance, on ne peut pas toujours prévoir quelles seront les résistances au changement. Les gens peuvent faire des progrès fantastiques dans certains domaines, mais parce qu'ils rencontrent une résistance dans leur écologie interne, ou leur système familial, ou leur système professionnel, ou tout autre, le changement dans ces autres sphères sera beaucoup plus ardu.

UNE FEMME : Diriez-vous que c'est l'attitude face à la maladie qui fait la différence ?

ROBERT : Ce n'est pas seulement l'attitude ou le changement de croyance qui vont faire la différence. Les croyances se situent à un niveau essentiel du processus. Mais le sujet doit suivre et adapter son style de vie, son alimentation, ses relations, etc., à ses besoins. Une attitude positive génère ce type de changements. Les attitudes positives varient avec le temps. Même une personne qui a fait un gros travail personnel et qui a beaucoup changé va traverser des périodes de doute. C'est humain, et le sujet doit être soutenu dans ces moments-là. Si les personnes qui comptent dans sa vie lui résistent au lieu de la soutenir, cela peut compromettre son amélioration.

Les attitudes positives ne sont pas des états permanents. Si vous vous levez du pied gauche et avez une dispute sérieuse avec votre partenaire ou si vous avez des problèmes au travail, cela peut alimenter vos doutes. D'un autre côté, une personne qui opère un changement de croyance majeur, qui s'ouvre, entre dans de nouvelles relations ou améliore les anciennes, va fortifier son attitude positive. Elle va créer une boucle d'auto-renforcement qui la restimule positivement en permanence. Je veux souligner qu'il ne suffit pas uniquement d'avoir une attitude positive pour vaincre une maladie grave. Quand quelqu'un dit : « J'ai changé ma croyance et maintenant je sais que je vais aller mieux » mais que par ailleurs, il n'a pas modifié ses habitudes alimentaires, il ne pratique aucun sport, il réagit toujours de la même façon dans ses relations personnelles et professionnelles, je ne suis pas convaincu qu'il ait modifié ses croyances et qu'il ira mieux. Quand quelqu'un change vraiment de croyance, de nombreux autres changements se produisent dans sa vie.

Je voudrais ajouter que changer de croyance n'est pas nécessairement un processus long, difficile et douloureux. Bien que le travail avec ma mère ait duré quatre jours, cela ne signifie pas qu'il faille quatre jours pour tout le monde, ni qu'il faille se programmer là-dessus. Les besoins de chacun sont différents car chacun est différent.

La personne qui travaille sur une maladie grave a besoin d'être soutenue et renforcée positivement. Ces éléments joueront un rôle important dans sa capacité à gérer le changement dans la durée.

UN HOMME : Comment incorporez-vous le traitement médical dans ce modèle ?

ROBERT : Travailler sur les croyances n'est pas indépendant, ni en opposition avec un traitement médical. Le travail sur les croyances peut être coordonné avec des méthodes traditionnelles. Le patient a souvent besoin du traitement médical. Peu de médecins affirmeraient qu'une attitude positive sur la santé peut nuire à un patient, bien que certains puissent s'inquiéter du « faux espoir ». Je vais vous donner un exemple de la façon dont je m'insère dans la relation patient-médecin.

Il y a environ cinq ans, j'ai travaillé avec une femme d'une trentaine d'années qui souffrait d'un cancer du rectum. C'est un état qui a des conséquences lourdes à long terme. Le médecin qui avait diagnostiqué le cancer recommandait une colostomie, c'est-à-dire la fermeture de la voie naturelle et l'installation d'un anus artificiel. Je l'ai encouragée à prendre un deuxième avis médical.

Elle a consulté un second puis un troisième médecin. Le second dit : « Une colostomie ! Ce n'est pas ce qu'il vous faut. Dans votre cas, la chimiothérapie est le traitement de choix. » Le troisième lui dit que la chimiothérapie n'était pas le bon traitement à cause de la nature de sa tumeur, et lui recommandait des rayons. Quand elle est revenue me voir, elle avait reçu tant de réponses différentes qu'elle ne savait plus que penser. Je lui dis que si elle croyait en le traitement qu'elle allait choisir ce serait sans doute le meilleur pour elle. Je l'ai aidée à déterminer celui auquel elle croyait vraiment et elle choisit les rayons. Cependant elle avait des réserves quant aux effets secondaires des radiations sur les organes voisins dans cette partie du corps.

Nous avons fait un travail sur les croyances et elle a guéri très bien et très rapidement. Les médecins ont été impressionnés qu'elle n'ait aucun effet secondaire à la suite du traitement, ni ménopause prématurée, ni perte d'appétit, ni dépression, ni modification de la structure de la peau. Ils voulaient qu'elle écrive un guide à l'intention des autres malades sur la façon dont elle avait évité les effets secondaires. Elle est en parfaite santé maintenant.

TOM : Pouvez-vous parler davantage des boucles de renforcement positif qu'il faut développer ?

ROBERT : Ce qui fait toute la différence dans la capacité d'un individu à guérir d'une maladie mortelle, c'est d'avoir « un but », une raison de vivre. Il ne s'agit pas seulement de sa relation à lui-même ou de l'image de son objectif en rapport avec la santé. La volonté de vivre est plus que l'image précise de la tumeur en train de disparaître. Si votre tumeur s'en va, qui serez-vous après ? Qu'est-ce que la santé retrouvée vous permettra de faire ? Je trouve très utile d'aider la personne à définir sa mission dans la vie. Si on n'a pas de raison de vivre, pourquoi se donner la peine de guérir ?

MICHAEL : J'ai travaillé dans un hôpital. Un grand nombre de malades me disait, d'une façon très congruente : « Ma vie est finie, j'ai fait ce que j'avais à faire, mon heure est venue. » Je pense que ce genre d'affirmation est la manifestation d'une croyance et qu'ils n'arrivent pas à envisager leur avenir. Qu'en pensez-vous ?

ROBERT : Ce que Michael exprime, c'est que la vie n'est pas éternelle. Comment savoir si une personne est congruente quand elle dit : « J'ai fait ce que j'avais à faire, mon heure est venue. » Quand on aborde la mort, il y a des moments où il faut respecter le désir de mourir de la personne. Mais elle peut aussi croire que sa vie est finie à cause des limites de son système de croyances ou de son identité. Cette identité est finie, mais cela ne signifie pas que toutes les grandes questions de sa vie sont résolues. En fait, je trouve que le terme « rémission » convient parfaitement à la guérison d'une maladie grave. La rémission survient souvent après que le malade se soit donné une nouvelle mission « re-mission ».

Vous ne pouvez pas décider pour un autre, s'il doit vivre ou mourir. Le travail PNL sur les croyances permet de passer à un autre niveau et de dire : « Je ne sais pas ce qui est le mieux pour vous, vivre ou mourir, mais je suis déterminé à vous aider à atteindre un état congruent quant à votre décision. » Vous devez être certain que la personne n'est pas embarquée dans un conflit interne sur la vie et la mort. Vous devez l'aider à traiter toutes les situations ou les empreintes du passé qui posent problème. Pour prendre ce genre de décision, la personne doit être très claire, ouverte et à l'écoute d'elle-même et du monde dans lequel elle vit. Quand vous atteignez cette congruence, vous pouvez décider.

UNE FEMME : En quoi travailler une croyance sur la santé est-il différent du travail sur d'autres croyances ?

ROBERT : La méthode d'identification et les outils sont identiques. On constate souvent que les problèmes relationnels, les conflits internes, les inhibitions proviennent des symptômes physiques ou les renforcent. Les différents états et émotions modifient les équilibres chimiques du corps et créent les conditions de la maladie. Quand on aide quelqu'un à résoudre un conflit au niveau de l'identité, on traite souvent en même temps les conditions internes qui ont déclenché la maladie.

FRED : La maladie est-elle liée aux croyances ?

ROBERT : La maladie est fonction de l'interaction des systèmes biologique et neurologique. C'est un processus systémique qui n'a pas une cause unique. Certaines maladies déclenchent des interactions systémiques complexes, d'autres moins. En fait certains problèmes physiques, comme les allergies, sont des couples stimulus-réponse et peuvent être modifiés à l'aide de processus mentaux simples et rapides, comme nous allons le voir maintenant.

NOTES

1. Se reporter à la méthode Simonton, décrite dans le chapitre 4 sur les empreintes.
2. *Creative Visualization*, Shakti Gawain : *Visualization, Directing the Movies of your Mind, Adelaide Bry* ; *The Silva Method of Mind Control*, Jose Silva ; Carl Simonton, *Getting Well Again*, etc.
3. Voir l'appendice : Les conditions de formulation d'un objectif, p. 211.

8

Les allergies

Lors de mon premier séminaire sur les croyances et la santé, l'un des conférenciers était le docteur Michael Levi, un chercheur en immunologie et en génétique qui a obtenu en 1950 le Prix de l'Association Mondiale de la Santé pour ses travaux prouvant que les virus sont infectieux. Il a remarqué qu'une allergie était comparable à une phobie du système immunitaire. Ce commentaire m'a intrigué car il était séduisant au plan intuitif et corroborait certaines de mes observations.

Par exemple, j'ai rencontré un certain nombre de gens souffrant d'allergies qui, quand ils s'endorment ou quand ils sont distraits montrent un changement immédiat de symptôme. Cela indique clairement qu'il se passe quelque chose au niveau neurologique et physiologique. Il est bien connu qu'on peut désensibiliser les gens aux allergies tout comme ils peuvent « devenir » allergiques. J'ai également observé des allergies disparaissant soudainement après un travail de transformation. C'est pourquoi l'idée que les allergies agissent comme des phobies du système immunitaire me paraissait une métaphore prometteuse. Elle est à l'origine d'un travail que j'ai développé pour traiter les réactions allergiques.

J'ai commencé par appliquer cette idée à des personnes

allergiques afin de trouver ce qui pouvait marcher. Au départ je me servais également d'un appareil de biofeed-back que j'avais mis au point pour mesurer les changements physiologiques subtils. Cela m'a permis de découvrir quels sont les fonctionnements du cerveau impliqués dans les allergies et de développer le processus de l'allergie à trois ancres. Tim et Suzi l'ont repris et ont raccourci la technique. La technique rapide de l'allergie qui est expliquée dans ce chapitre est le fruit de leurs efforts. Les démonstrations qui suivent sont retranscrites de deux ateliers qu'ils ont animés.

Je souhaite mettre le lecteur en garde. Le travail sur les allergies, comme tout travail abordant des questions médicales doit être conduit conjointement avec un traitement médical approprié. Certaines allergies peuvent provoquer, ou induisent un choc anaphlactique important et risquent d'être mortelles. Avant de mettre en œuvre ces techniques il faut soit s'assurer que le sujet est suivi, soit s'adjoindre l'aide d'un médecin spécialiste. (Il va de soi que cette mise en garde s'applique à toutes les techniques décrites dans ce livre.) Par ailleurs je crois que comme nous pouvons influencer le système immunitaire dans ses réponses allergiques, on peut étendre ces principes et agir sur des problèmes du système immunitaire plus profonds et plus diffus comme le cancer, l'arthrite, le sida, le lupus et d'autres maladies systémiques dans lesquelles le comportement du système immunitaire joue un rôle central.

Démonstration d'allergie rapide

Cette démonstration a été faite à la conférence nationale de l'Association nationale de Programmation Neuro-Linguistique à Chicago en 1988.

SUZI : Bon. Lynda, vous souffrez d'une allergie au foin et à l'herbe.

LYNDA : Oui. J'ai subi des tests, et je sais que le foin est ce qu'il y a de pire pour moi. Même quand on tond la pelouse, ça me gêne. Par ailleurs, j'ai un cheval, et ce n'est pas très pratique d'être allergique au foin dans ces conditions.

SUZI : J'imagine. Si on était en train de tondre l'herbe dans cette pièce maintenant, que se passerait-il ?

LYNDA : D'abord je vais enfler, et mon nez va couler. Puis mon palais va me démanger, mes yeux vont s'injecter de sang et se mettre à pleurer.

SUZI : Aux fins de l'exercice, imaginez que l'herbe est là maintenant. Que vous...

LYNDA *(commence à montrer les symptômes de son allergie et rit)*.

SUZI : Bien. *(Le public rit.)* Arrêtez, arrêtez. J'ai juste besoin de pouvoir calibrer.

(Au groupe) Lynda vient de nous démontrer l'un des points les plus intéressants des allergies. Les gens créent la réponse rien qu'en pensant à la présence de l'allergène. Au début du siècle un médecin, Mackenzie, traitait une femme qui avait une forte réaction allergique aux roses. Il s'est aperçu que si il lui montrait une rose artificielle très bien imitée, cela déclenchait une réaction violente. Lynda nous démontre aussi le pouvoir du mental. Rien qu'en pensant à l'herbe, elle se met à réagir comme elle le ferait dans une prairie.

(A Lynda) Avec quelle rapidité obtenez-vous cette réponse ? Ça a l'air presque immédiat, n'est-ce pas ? Si vous êtes exposée plusieurs fois, cela empire-t-il ?

LYNDA : C'est instantané tant que l'allergène est présent et ça dure jusqu'à ce que je prenne des médicaments. Si je quitte les lieux, les symptômes diminuent.

SUZI : Depuis combien de temps souffrez-vous ainsi ?

LYNDA *(pause)* : Depuis que j'ai onze, douze ans.

SUZI : Vous avez dû supporter ça la plus grande partie de votre vie.

J'ignore si vous savez comment fonctionne le système immunitaire, c'est très intéressant. Lors d'une allergie, votre système immunitaire en fait trop, il devient hyperactif.

Le système immunitaire est composé de différentes cellules, chacune avec sa fonction propre. Les macrophages s'occupent du foin, de l'herbe et de la poussière (une substance inoffensive) que nous inhalons. Ce sont des cellules qui font le ménage. Elles ressemblent à une pieuvre avec des tentacules qui saisissent et digèrent la substance étrangère intruse.

Quand une cellule macrophage rencontre un virus, elle le dévore en partie mais elle en garde une marque chimique. C'est comme un drapeau qui signale la victoire pour alerter le reste du système immunitaire que l'organisme a été envahi.

Cela active les cellules T auxiliaires qui deviennent des cellules T tueuses. Quand le drapeau porte la marque « antigène » les cellules auxiliaires stimulent les lymphocytes B pour sécréter la substance chimique qui va faire exploser la cellule.

LYNDA : Laquelle ?

SUZI : Elles font exploser les cellules qui se trouvent sur le site du drapeau. C'est très bien quand c'est un virus ou une bactérie, mais dans le cas de l'allergie, les cellules T tueuses attaquent les cellules saines de l'organisme. Une des substances chimiques sécrétée quand la cellule explose est l'histamine qui fait couler le nez, irrite et crée les autres symptôme du rhume des foins.

En résumé, le système immunitaire fait une erreur quant à la substance dangereuse et élimine les substances qui déclenchent sa propre réaction. Une fois l'erreur faite et la cellule codée dans l'organisme, le système immunitaire réagit à chaque fois de la même façon.

Il faut remercier notre système immunitaire de fonctionner ainsi. Une fois qu'il a identifié le virus du rhume ou une bactérie, il réagira au danger dès qu'il surgit. Mais ce n'est pas agréable quand il entre en action sans raison.

(A Lynda) Votre système immunitaire a appris cette réponse très rapidement, ça veut dire qu'il peut encore apprendre facilement. Nous voulons lui enseigner une nouvelle réponse. Nous voulons lui montrer que sa réponse actuelle est inutile. Nous allons lui donner une réponse plus adaptée. Nous allons lui dire : « Pas cette réponse-ci, celle-

là » *(gestes des deux mains)*. « Pas celle-ci, celle-là. » Il s'agit juste de lui montrer quelque chose de nouveau.

(Au groupe) Avant de commencer, nous allons vérifier l'écologie.

(A Lynda) Si vous n'aviez pas cette allergie au foin et à l'herbe, comment serait votre vie ? Quelles implications cela aurait-il pour vous ?

LYNDA : Ces derniers dix, quinze ans, ça a plutôt eu tendance à décliner. J'imagine que ça libérerait davantage d'énergie. Et il n'y aurait que cette partie manquante. La poubelle.

SUZI : Est-ce que ça aurait des conséquences négatives ? Y a-t-il une raison pour ne pas renoncer à votre allergie ?

LYNDA : Non, je n'en vois aucune.

SUZI : Je veux dire, ce n'est pas comme si vous vouliez passer votre vie avec vos chevaux, et qu'ainsi vous pourriez vous débarrasser de certaines choses ou de certaines personnes.

LYNDA *(en riant)* : Non, ça ne changerait pas le temps que je passe avec eux. Je ne le permettrais pas.

SUZI : Une fois que Tim et moi faisions ce travail avec un homme allergique à l'herbe, il s'est exclamé : « Oh, mais il faudra que je tonde la pelouse ! C'est ma femme qui fait ça ! »

(Au groupe) Je veux être sûre de traiter les bénéfices secondaires qui peuvent exister. Par exemple, un enfant peut se mettre à faire des allergies ou de l'asthme ce qui lui permet de recevoir beaucoup d'attention. Dans un tel cas, il faut l'aider à trouver le moyen de recevoir de l'attention sans avoir recours aux allergies.

Lynda n'a pas l'air d'avoir d'opposition écologique sérieuse qui l'empêche de renoncer à son allergie, ni dans ses paroles ni dans son comportement non verbal.

(A Lynda) Qu'est-ce qui ressemble au foin ou à l'herbe que vous pouvez côtoyer sans que votre corps ne se trompe ?

LYNDA : Est-ce que des plantes vertes feraient l'affaire ?

SUZI : Très bien. N'importe quel type de plantes vertes

vous convient-il ? En d'autres termes, votre système immunitaire ne se trompe pas à leur propos ?

LYNDA : Non. Ça va très bien avec les plantes vertes.

SUZI : Nous cherchons un contre-exemple dont la substance est proche de celle qui déclenche la réponse. Plus on s'en approche, mieux c'est.

Remontez dans le passé et soyez totalement présente aux plantes vertes autour de vous. Je veux que votre système immunitaire soit particulièrement attentif à sa façon de réagir aux plantes vertes autour de vous. Qu'il soit bien conscient de comment il fait ça pour vous. Bien. *(Ancre l'état.)*

(Au groupe) Je m'assure que l'ancre est vraiment forte pour ce contre-exemple. Il faut associer la personne à une situation avant de pratiquer l'ancre.

(A Lynda) Maintenant Lynda, je veux que vous imaginiez qu'il y a un écran de plexiglass qui traverse cette pièce d'un mur à l'autre et qui vous protège. De l'autre côté, là-bas, vous voyez Lynda. La Lynda avec la réponse que nous venons d'ancrer. *(Maintient de l'ancrage.)* Une Lynda dont le système immunitaire sait comment réagir exactement aux choses vertes qui poussent dans la maison. En regardant cette Lynda là-bas, vous savez que son système immunitaire peut réagir efficacement. *(Silence.)* Bien. *Maintenant* je veux que très doucement vous entouriez la Lynda là-bas de foin, cette espèce précise qui lui cause tous ses tourments. Voyez Lynda là-bas avec cette *capacité de réponse* que nous avons ancrée entièrement à sa *disposition*. Son sytème immunitaire sait comment réagir précisément. Remarquez comment Lynda là-bas change au contact du foin. Cela peut vous créer une drôle de sensation au début. *(Pause.)* Observez bien la réaction là-bas qui est similaire, *maintenant*, à celle qu'elle a en présence des plantes vertes. *(Pause.)* OK. C'est bien.

(A Lynda) Maintenant je veux que vous rameniez cette Lynda de là-bas à Lynda assise ici. Revenez avec moi. Imaginez que quelqu'un tond la pelouse ici dans cette salle. Votre système immunitaire, totalement intact, fonctionne comme vous le voulez. Il sait exactement comment réagir.

Vous êtes ici avec moi et vous voyez l'herbe que l'on tond. *(Pause.)* Détendue. *(Pause.)* Mm, mm. C'est bien.

Vous allez avoir très prochainement l'occasion d'être exposée à l'herbe, au foin, à toutes ces variétés d'herbes. Je veux que vous pensiez à vos chevaux et que vous les nourrissiez.

LYNDA : D'accord.

SUZI : Et votre système immunitaire est particulièrement attentif. Car il sait maintenant quelle est la réponse appropriée dans cette situation. *(Silence.)* D'accord.

(Au groupe) Nous allons donner à Lynda le temps de décanter ça. C'est un processus comparable à celui des phobies. Souvent le client doute et dit : « Un instant, je ne comprends pas ce qui se passe. Ça ne *devrait pas* être aussi facile et marcher aussi bien. »

Avez-vous des questions pour Lynda sur cette expérience ?

UN HOMME : Quand vous imaginiez être au contact de l'allergène, ressentiez-vous quelque chose ?

LYNDA : Très légèrement. Quelque chose à l'arrière de mon visage, vers le centre, si cela a un sens. C'est tout ce que j'ai ressenti qui ressemble à mon vécu habituel. Les prémisses de l'ancienne réponse, mais qui ne se développent pas.

UNE FEMME : Qu'est-ce que ça a été pour vous de réorganiser votre système immunitaire ?

LYNDA : C'est comme une ancre qui lâche. On peut sentir les choses en train de se rebrancher. Il se passe vraiment quelque chose.

SUZI : C'est une description formidable, car on va vraiment très profondément dans la neurologie pour induire le changement.

(A Lynda) Maintenant que la réponse est bien installée, imaginez comme au début que vous avez le nez dans une botte de foin *(Pause, plus doucement.)* Observez ce qui se passe en vous. *(Pause.)* Puis essayez d'avoir cette vieille réponse. *(Plus doucement.)* Essayez aussi fort que possible.

LYNDA : Je suis sur mes gardes, j'attends que quelque chose se produise. *(Rit.)*

SUZI : Quel choc ! *Vous ne pouvez pas faire mieux ! (Rit.)*

(Au groupe) Pour ceux d'entre vous qui calibraient, était-ce la même réponse que celle d'*avant* ?

LE PUBLIC : Non

SUZI : Bien sûr, elle est toujours sur ses gardes, à juste titre d'ailleurs. Elle avait onze-douze ans quand cette réaction a commencé. Elle attend encore la réponse que ce stimulus a déclenchée absolument chaque fois pendant toutes ces années.

(A Lynda) Vous allez être agréablement surprise quans vous allez sortir, attendre la vieille réaction et dire : « Oh, mais elle n'arrive pas. Je peux profiter de mes chevaux et rester près d'eux. »

LYNDA : Mum, mum

SUZI *(plus doucement)* : C'est tout ce qui peut vous arriver dehors. Vous pouvez remercier votre système immunitaire d'apprendre aussi facilement de nouvelles réactions.

LYNDA : Merci.

SUZI : C'est une technique très simple que vous pouvez faire vous-même. Vous avez dit que vous étiez allergique à plusieurs autres choses ?

LYNDA : Oui, mais ça c'était la plus importante.

SUZI : Si votre tempérament généralise facilement, je ne voudrais pas que vous *pensiez aux autres allergies que l'on peut traiter ainsi*.

LYNDA *(rit)* : D'accord.

SUZI : Faites réviser ce processus à votre système immunitaire automatiquement... pour que vous n'ayez pas à le faire consciemment. Parce que, vous savez... On apprend très vite, et il n'y a pas de raison pour que votre système immunitaire ne déclenche pas ce processus avec les autres substances concernées. Vous n'aurez même plus à y penser.

Questions

Une femme : Que faire si la personne ne connaît pas la substance à laquelle elle est allergique ?

Suzi : C'est beaucoup plus difficile de trouver le contre-exemple approprié quand on ignore l'allergène, évidemment. Avec le rhume des foins, si le sujet parle de « quelque chose dans l'air », essayez la farine ou la poussière comme contre-exemple. Ou à d'autres périodes de l'année, l'air, quand le sujet réagit positivement.

Un homme : Certaines personnes sont allergiques à tout au niveau des tests. Parfois elles réagissent à un allergène et parfois pas. Que se passe-t-il ?

Suzi : Cela peut indiquer que l'allergène est très lié au stress et à l'état émotionnel. C'est un indice que vous devez approcher d'un autre point de vue, par exemple, comment gérer différemment les situations de stress. Avez-vous remarqué que chez les personnes qui souffrent du rhume des foins, certaines années sont pires que d'autres ? En y réfléchissant, ça peut être à cause de ce qui se passait dans leur vie — et non la quantité de pollen. C'est l'état interne qui fait la différence.

Un homme : Que faire si l'allergie revient ?

Suzi : Si le sujet réactive son allergie, il faut recommencer le processus. Ça ne prend que cinq minutes. Vérifiez de nouveau la justesse de votre contre-exemple, de l'écologie, et soyez plus particulièrement attentif aux croyances qui peuvent faire obstacle.Il faut parfois faire une ré-empreinte ou une intégration de conflit.

Une femme : Avez-vous pratiqué cette technique avec des enfants ?

Suzi : Oui, ça marche bien avec les enfants. Le plus jeune dont nous avons connaissance est un enfant de trois ans.

Un homme : Et si la technique ne marche pas ?

Suzi : Il se peut que vous n'ayez pas utilisé le bon contre-exemple. Plus le contre-exemple est proche de l'allergène, mieux ça marche. Prenons l'exemple de l'allergie au lait de vache. Le sujet supporte-t-il le lait de brebis ou le lait de soja ? S'il est allergique à tous les laits, y a-t-il un liquide blanc qu'il supporte, le lait de noix de coco ou quelque chose comme ça ? Je préfère que le sujet fournisse lui-même son propre contre-exemple, plutôt que de le choisir moi-même, cependant mes suggestions l'aident.

Une autre cause d'échec touche à la relation entre l'écologie et les bénéfices secondaires. La question de l'écologie peut ne pas surgir au début du processus — le thérapeute peut ne pas y être confronté avant d'atteindre la projection dans l'avenir. Il faut parfois recadrer, faire un « Générateur de Nouveau Comportement », faire une ré-empreinte, récrire l'histoire personnelle, etc., pour travailler sur les bénéfices secondaires avant de pouvoir s'attaquer au système immunitaire.

Enfin, la source de l'allergie peut être une empreinte sous-jacente. Il est toujours bon de vérifier une expérience d'empreinte non résolue avant de passer à la technique anti-allergique. Ainsi, on est certain d'avoir tout passé en revue.

UNE FEMME : Avez-vous utilisé cette technique avec des allergies mortelles ?

SUZI : Oui. Et si vous étiez mon client, souffrant d'une allergie mortelle, j'insisterais pour que vous consultiez un docteur et passiez les tests prouvant que vous n'avez plus de réaction. Dans les cas d'allergies sévères, où le patient souffre beaucoup et où sa vie est éventuellement menacée, on peut avoir recours à la dissociation en trois points, comme dans les phobies. Le but est d'emmener le sujet suffisamment loin pour qu'il ne risque pas de rechuter.

Synthèse du processus rapide d'allergie

1. Calibrez. Demandez : « Que se passe-t-il pour vous quand vous êtes exposé à l'allergène ? » Observer la physiologie du sujet, clefs d'accès visuel, respiration, etc.

2. Expliquez l'erreur du système immunitaire. Expliquez-lui que son système s'est trompé en codant quel-

que chose comme dangereux alors que ça ne l'est pas. Quelque chose en lui, qui vient de lui. Expliquez-lui qu'on peut lui apprendre la bonne réponse rapidement.

3. Vérifiez l'écologie/les bénéfices secondaires. Comment serait sa vie sans cette allergie ? Existe-t-il des conséquences positives et négatives ? A ce stade, utilisez toutes les techniques PNL nécessaires pour traiter les questions d'écologie avant de continuer.

4. Trouvez le contre-exemple approprié pour servir de ressource. Si possible, trouvez un contre-exemple similaire à l'allergène auquel le système immunitaire réagira. Ancrez cette réponse et maintenez l'ancre durant tout le processus. Vérifiez que le sujet est bien associé quand vous installez l'ancre. Autant que faire se peut, laissez le sujet choisir son contre-exemple.

5. Faites dissocier le sujet. L'exemple de l'écran de plexiglass à travers la pièce est un moyen facile pour créer la dissociation. En maintenant l'ancre, demandez au sujet de se voir de l'autre côté de l'écran en possession de sa ressource. Utilisez toutes vos ressources verbales pour suggérer que c'est « la personne que vous voulez être » et que son système immunitaire fonctionne bien.

6. Introduisez l'allergène progressivement. Comme il s'observe de l'autre côté de l'écran, faites-lui progressivement introduire l'allergène, *la chose qui provoquait la réaction*. Il faut le faire très doucement pour que le sujet s'habitue. Attendez jusqu'à ce qu'un changement physiologique apparaisse. C'est comme si le système immunitaire disait : « D'accord, j'ai compris, je vais changer les marques sur mon drapeau pour que ça ne ressemble pas à mes cellules T. »

7. Réassociez. Faites revenir le sujet dans son corps, et demandez-lui d'imaginer qu'il est en présence de l'allergène en maintenant l'ancre.

8. Faites un pont vers le futur. Demandez à votre client de penser à un moment dans l'avenir où il se trouvera en présence de ce qui provoquait la réaction allergique.

9. Testez. Si vous pouvez faire un test séance tenante,

n'hésitez pas. Si non, recalibrez, pour voir si la physiologie, les clefs d'accès visuel, la respiration ont changé.

Synthèse du processus d'allergie à 3 ancres

C'est la technique que Robert Dilts a d'abord utilisée pour les allergies. Ce qui distingue cette technique de la précédente, c'est l'utilisation de trois ancres simultanées (une pour la dissociation, une pour le contre-exemple et une pour la ressource), au lieu d'un seul pour le contre-exemple.

1. Calibrez.
2. Expliquez l'erreur du système immunitaire.
3. Vérifiez l'écologie/les bénéfices secondaires.
4. *a)* Faites dissocier le sujet et ancrez l'état de dissociation. Vous êtes ainsi assuré de pouvoir maintenir la dissociation.
   b) Trouvez un contre-exemple ressource et ancrez-le, comme dans la technique précédente.
   c) Demandez au sujet ce qu'il veut ressentir en présence de l'allergène. Dans ce cas, ce peut être « la personne que vous voulez être ». Ancrez également cette ressource.
5. Utilisez les trois ancres établies en 4 pour que le sujet se visualise avec ces ressources.
6. Introduisez progressivement l'allergène dans l'état dissocié.
7. Lâchez l'ancre de la dissociation et faites réassocier le sujet avec les deux autres ressources
8. Faites imaginer l'avenir en utilisant les deux autres ressources disponibles.
9. Testez.

Avant-plan/arrière-plan

Nous allons maintenant aborder cette technique que Robert a mise au point après avoir lu certaines expériences de Pavlov avec des chiens.

Tout le monde sait que Pavlov[3], un chercheur russe, a réalisé les premiers travaux sur le phénomène stimulus-réponse. Dans l'un d'eux, il conditionnait un chien à saliver au son simultané d'une cloche, d'une sonnerie et d'un timbre. Pavlov a observé que chaque son jouait un rôle différent pour que le chien commence à saliver. La cloche pouvait provoquer dix gouttes de salive, la sonnerie cinq et le timbre deux. Autrement dit, la cloche était au « premier plan » des sons que le chien entendait, c'est-à-dire que le chien prêtait davantage attention à la cloche qu'à la sonnerie et qu'au timbre. Le son le moins valorisé représente l'arrière-plan.

Pavlov a également trouvé que, s'il inhibait la réponse du chien de sorte qu'il ne salive pas en entendant le timbre (qui a donc une valeur = zéro), la réunion des trois sons ne faisait plus saliver le chien., lorsqu'il réintroduisait le timbre, la cloche et la sonnerie. La valeur des trois sons combinés retombait à zéro.

On peut appliquer le même principe aux allergies et aux autres problèmes qui reposent sur ce schéma stimulus-réponse. On peut donc utiliser la technique du premier plan/arrière-plan quand on a affaire à un stimulus précis dans un contexte déterminé. On l'a utilisée sur les phobies, sur les réactions déplaisantes provoquées par la fraise du dentiste, sur les réponses négatives induites par des voix désagréables, etc.

Démonstration

TIM : Est-ce que quelqu'un ici souffre encore d'allergies ?

GARY : Je suis allergique au peuplier. Au printemps

quand son duvet est dispersé par le vent, je ne peux plus respirer. Mais ce qui est amusant, c'est que si je prête attention à mes symptômes, ils empirent ! Si je suis impliqué dans quelque chose, ils sont supportables.

SUZI : Bien. On peut peut-être vous aider à faire attention à d'autres choses.

TIM : Qu'arrive-t-il quand vous êtes près de peupliers ?

GARY *(une tension apparaît autour de ses yeux, et la couleur de sa peau change par plaques)* : Mes yeux commencent à piquer et mon nez se bouche.

TIM : S'il y avait du duvet de peuplier ici, seriez-vous incommodé ?

GARY : Oh, oui !

TIM : Aimez-vous les pins ? Je pense que vous devez vous sentir à l'aise dans une forêt de pins. *(Ancre kinesthésiquement le bras de Gary pendant qu'il pense à une forêt de pins.)*

TIM *(demande soudainement, en maintenant l'ancre pin)* : Vous vous sentez bien dans ces tennis ? *(Il crée une association entre n'importe quelle sensation que Gary éprouve dans ses pieds et comment il se sent auprès de pin.)*

TIM *(en relâchant l'ancre)* : Et les peupliers ? Si vous marchiez parmi des peupliers... Comment serait-ce ?

GARY *(confus, cligne des yeux plusieurs fois, passe à l'état associé à la physiologie du pin)* : Eh, attendez...

SUZI : On appelle ça disjoncter.

GARY : Ça fait un choc. *(Il reste assis tranquillement quelques instants.)*

TIM : Que se passe-t-il quand vous pensez à des peupliers maintenant ? Pouvez-vous rappeler vos vieilles réactions ?

GARY :... Non.

SUZI : Eh bien, imaginez la pièce remplie de ces duvets.

GARY : Je vais encore essayer. *(Il ne montre aucun des signes physiologiques qui apparaissaient auparavant en pensant aux peupliers.)* Quand je remonte dans le passé et que j'avais cette réaction, c'est comme si elle n'avait jamais existé. C'est bizarre.

TIM : C'est un processus facile à faire en cachette car il

très rapide. Les applications en thérapie familiale, de couple, et en relations professionnelles sont évidentes puisqu'il s'appuie sur des réactions ancrées visuellement ou auditivement.

SUZI *(au groupe)* : Je vais vous expliquer ce que Tim a fait avec Gary. Au départ, les peupliers étaient au premier plan de la perception de Gary. Ses pieds, qui l'accompagnent partout, étaient l'arrière-plan.

TIM : Nous avons donc créé une association forte entre ses pieds et un contre-exemple, le pin, pour lequel il n'a pas de réaction immunitaire. Tant que le contre-exemple est suffisamment proche du peuplier dans sa façon de penser, la technique marchera.

UN HOMME : Comment faites-vous ça en cachette ?

TIM : C'était en cachette pour toute personne peu familiarisée avec les ancres. Il y a quelques jours, je discutais avec un homme portant costume et cravate. Il me parlait de ses problèmes avec sa femme, de la façon dont elle le querelle quand il l'appelle du bureau. Je suis parti de la présupposition qu'il avait une ancre négative sur la voix de sa femme quand ils se querellent. Plus tard dans la conversation, je lui ai dit combien j'étais content de ne pas avoir à porter de cravate et lui ai demandé si ça l'embêtait d'en porter une. Pendant qu'il accédait à sa réponse, je l'ai ancrée visuellement en tenant un nœud de cravate imaginaire sur mon col. Puis je l'ai fait parler des conversations avec sa femme qui l'intéressent vraiment, en déclenchant mon ancre visuelle sur le nœud de cravate imaginaire. Ensuite nous sommes revenus sur ces querelles et sa réponse fut tout autre par rapport au début de notre conversation. Il a dit que ce n'était pas si grave après tout. Il n'a eu aucune idée consciente de ce qui se passait. Mais je suis convaincu que son inconscient était d'accord, tout comme le sera sa femme quand il commencera à écouter ce qu'elle dit.

L'important c'est de trouver un contre-exemple suffisamment proche dans la façon de penser du sujet pour être généralisé. Le meilleur contre-exemple possible, c'est quand une personne devrait avoir eu la réaction dont elle se plaint, mais qu'elle ne l'a plus. Par exemple, j'aurais pu demander à Gary, si étant exposé au duvet de peuplier il n'avait pas eu, ne serait-ce qu'une seule fois, de réaction allergique. Le second meilleur contre-exemple, c'est quelque chose que la personne classe dans la même catégorie (dans le cas de Gary, les arbres), ou le même registre de comportement (les conversations dans l'exemple de l'homme à la cravate).

SUZI : La première fois que nous avons vu Robert se servir de cette technique, il travaillait avec une femme que le bruit de la fraise du dentiste angoissait. Robert lui a demandé de trouver un contre-exemple, quelque chose produisant un bruit comparable sans déclencher de réaction chez elle. Elle a pensé à un mixer électrique. Mais ce contre-exemple n'a pas marché car il s'est avéré qu'elle pouvait contrôler le mixer alors que le dentiste contrôlait la fraise. Par la suite, on a recommencé en introduisant la tondeuse du coiffeur comme contre-exemple. Le bruit était comparable, et c'est le coiffeur qui la manœuvre.

TIM : Ça marche encore mieux quand le contre-exemple est quelque chose que le sujet aime. Cette femme a dit aimer aller chez le coiffeur car cela la rend plus attirante. Une partie de ces sentiments positifs sont passés dans le contexte du dentiste.

Pour l'arrière-plan, vous pouvez choisir quelque chose qui sera toujours là : température, sensations dans les mains ou dans les pieds, etc. Il faut quand même faire attention à ce que l'on choisit et vérifier avec le sujet. Nous avons travaillé avec un homme allergique à la fumée de cigarette, lorsque sa femme fumait. On s'est servi de ses pieds comme arrière-plan, comme avec Gary, et tout d'un coup il a eu une réaction très désagréable. En fait, c'était un ancien fumeur qui avait arrêté quand son médecin avait diagnostiqué des problèmes circulatoires dans les pieds !

Synthèse du processus arrière-plan/avant-plan

1. Identifiez une réponse limitante qui se produit dans un contexte particulier (une allergie, le bruit d'une fraise de dentiste, un ton de voix irritant).

a) Calibrez sur la physiologie associée.

b) Quel est le premier plan ? De quoi le sujet est-il le plus conscient ?

2. Trouvez un contre-exemple approprié pour servir de ressource. Soit un moment où le sujet aurait dû avoir une réaction mais ne l'a pas eue, soit un contexte similaire comparable à la situation limitante.

a) Quel est le premier plan ? De quoi le sujet est-il le plus conscient ?

3. Identifiez un élément commun à la situation limitante et au contre-exemple extérieur à la conscience du sujet. Quel est l'arrière-plan de ces deux situations (par exemple le contact de la plante des pieds, le poids des vêtements, etc.). *Ancrez* cette caractéristique.

4. *En maintenant l'ancre*, demandez au sujet de se concentrer sur ce dont il est le plus conscient dans le contre-exemple. Il s'agit de créer une association forte entre ce qui est le plus dans sa conscience (premier-plan) et quelque chose auquel il ne prête pas attention (arrière-plan).

5. Relâchez l'ancre et demandez immédiatement au sujet de se souvenir et de s'associer à l'expérience limitante antérieure.

6. Calibrez la réponse physiologique : si la réaction limitante se produit toujours, reprendre l'étape 3 avec un contre-exemple différent et renforcer l'association entre les éléments du premier-plan et de l'arrière-plan.

7. Projetez dans l'avenir en maintenant l'ancre de l'arrière-plan pendant que le sujet pense à des situations futures.

Synthèse du processus de transfert de sous-modalités

En travaillant sur les allergies, on peut utiliser les contre-exemples et les sous-modalités. Plutôt que de poser une ancre, vous décodez les sous-modalités présentes quand le système immunitaire fonctionne correctement et vous les transférez dans la réponse inadaptée. Vous découvrirez souvent qu'il existe une différence critique de sous-modalité[4].

1. Calibrez.
2. Expliquez l'erreur du système immunitaire.
3. Vérifiez les bénéfices secondaires/l'écologie.
4. Trouvez un contre-exemple-ressource approprié. Mettez en évidence les sous-modalités de ce contre-exemple. Vous pouvez demander : « Qu'est-ce que vous pensez de ça ? » Ce sont les sous-modalités que le système immunitaire du sujet utilise quand il réagit de façon satisfaisante.
5. Dégagez les sous-modalités associées à la situation allergique. Ce sont les sous-modalités du sytème immunitaire quand il réagit de façon inappropriée.
6. Pendant que le sujet pense à l'allergène, faites-lui modifier les sous-modalités de sorte qu'elles s'accordent aux sous-modalités du contre-exemple.
7. Faites un pont vers l'avenir.
8. Testez.

NOTES

1. Le Mind Master est un appareil de bio-feedback complexe conçu pour être raccordé à un Apple 2 ou à un IBM PC. Il contient plusieurs jeux de bio-feedback et des programmes très utiles. Disponible chez Behavioral Engineering, 230 Mt. Hernon Road, Santa Cruz, CA 95066, USA.

2. John N. Mackenzie, « The Production of the So-Called "Rose Cold" by means of an Artificial Rose », *American Journal of Medical Science* 9 (1886), 45-57.

3. *The Essential Works of Pavlov*, New York, New York, Bantam Books, 1966.

4. Voir *Using your Brain - for a Change*, Richard Bandler, 1985, Real People Press.

Epilogue

Une des croyances et des promesses fondamentales de la PNL c'est que les stratégies intellectuelles efficaces peuvent être modélisées et utilisées par toute personne qui le désire. Une grande partie de ce livre traite de la modélisation des stratégies et des croyances de personnes qui ont guéri de maladies graves, voire léthales ou de troubles mentaux et physiques. Mais les mêmes principes peuvent s'appliquer à d'autres domaines de l'excellence humaine. Mozart, par exemple, est considéré comme l'un des plus grands musiciens de l'histoire. Comme nous l'avons indiqué au début, ce qui a placé Mozart dans une situation à part n'est pas son mystérieux talent mystique, mais une stratégie très concrète et réelle qu'il mettait en œuvre pour organiser et intégrer ses expériences. Il a utilisé cette stratégie de telle sorte qu'il est arrivé au degré d'excellence que nous lui reconnaissons toujours. J'ai étudié les lettres de Mozart et y ai découvert une démarche intellectuelle créative très efficace et néanmoins élégante que j'ai modélisée. Ce processus peut créer l'harmonie dans d'autres domaines que celui des notes de musique. Voici une méditation sur la santé qui est tiré de la démarche intellectuelle formelle que Mozart utilisait en composant. Bien que cette symphonie parle d'expérience interne, de santé et de vitalité, sa structure psychologique nous vient du maître en personne.

Exercice

Accordez-vous un moment et sentez votre corps... prenez conscience de vos sentiments... il y a sans doute des parties de vous même dont vous ne vous êtes pas beaucoup occupé aujourd'hui... remarquez la symétrie de vos mains, de votre corps, de vos pieds, de votre côté gauche par rapport à votre côté droit... puis soyez attentif... au plus profond de vous... trouvez une partie de vous-même en qui vous avez toujours eu confiance pour vous maintenir en bonne santé... une partie de vous qui vous a toujours soutenu, quelle que soit la maladie dont vous avez souffert...

Peut-être est-ce votre cœur. Peut-être vos yeux. Peut-être vos lèvres. Peut-être vos jambes. Peut-être vos oreilles. Trouvez une partie de vous-même, qui, quand vous y pensez, vous a toujours paru vitale, saine. La partie de vous en qui vous avez le plus *confiance* pour rester en bonne santé et plein de vie. (Silence.)

Prenez conscience de cette partie de vous, entrez en elle, *sentez-la*. Sentez cette partie de votre physiologie, de votre corps. (Silence.) Commencez à imaginer que cette partie de votre corps est comme un instrument de musique. Qu'il produit un bruit, un son, une mélodie... Ecoutez la musique de ces sentiments... La musique de cette partie de votre corps qui contient votre énergie, votre vitalité. Ecoutez cette musique. En l'écoutant, peut-être pouvez-vous amplifier ce sentiment, et la sensation de vitalité, de santé commence de se répandre dans votre corps. (Silence.)

En entendant cette musique et en ressentant ce sentiment, inspirez. Peut-être pouvez-vous sentir cette musique. Vous pouvez sentir la santé, la vitalité. Remarquez quel en est son parfum. Est-il sucré, épicé, fruité ? Est-ce un arôme ? Quel est ce parfum à l'intérieur ? Quel goût a-t-il ? Ainsi vous pouvez sentir et goûter cette sensation, ce sentiment de vitalité. (Silence.)

Laissez ce parfum et cette musique se répandre. Pensez à d'autres parties de votre corps qui ne sont peut-être pas en aussi bonne santé que vous le souhaitez. Dégustez leurs musiques et leur goûts comme s'ils étaient les plats d'un festin... les parties d'une symphonie... un morceau de musique. Laissez cette musique, ce goût, ce parfum de la vie, de la vitalité, de la santé se développer en contrepoint, en danse avec toutes les parties de votre corps. Laissez-les couler dans votre corps comme d'une fontaine interne. Voyez leur lumière iridescente. Voyez la couleur, la clarté de cette énergie vitale comme elle commence à danser... les couleurs, la musique,... et toutes les parties de votre corps se joignent à la danse de l'intérieur vers l'extérieur. Chaque partie de votre corps reçoit un massage interne de cette danse.

Sachez que cette musique et cette danse peuvent continuer. Cette nuit dans vos rêves, dans votre sommeil, au plus profond de vos pensées... cette musique et cette lumière peuvent apporter leur chaleur et leur couleur à tout votre être. Vous pouvez les déguster dans les choses de la vie, dans la nourriture, dans les sons que vous entendez et les scènes que vous voyez, les sons de la vie et de la santé, les couleurs de la vie et de la santé. Le goût de la vie et de la santé sont là pour vous. Si vous leur prêtez attention, votre inconscient vous guidera vers ce qui est bon pour vous, bon à contempler, bon à entendre, bon pour vous nourrir.

Cette lumière en vous va devenir si forte et si brillante qu'elle va transparaître par votre peau et votre regard. Que sa musique va résonner dans votre voix et atteindre les autres, sans que vous fassiez d'efforts, du simple fait de leur présence près de vous. Ils vont la ressentir, la vivre. (Silence.)

Laissez ce processus se faire à son rythme, de la façon la plus écologique pour vous. Les idées, les apprentissages qui ont eu lieu ici, sachez que vous pouvez les accepter et vous les approprier. Ou bien songez-y de la façon la plus écologique et la plus adaptée à votre vie.

Demain matin, en vous réveillant, puissiez-vous vous lever

avec une sensation d'énergie et de vitalité, avec un sentiment détendu mais alerte de pouvoir percevoir ce que le monde vous offre. Et même les bruits de l'extérieur ne troubleront pas ce sentiment de vitalité et de paix intérieure.

Glossaire

Acuité sensorielle : La capacité d'écouter, d'observer ou de ressentir kinesthésiquement les indicateurs comportementaux analogiques que le partenaire manifeste.

Ancrage : Processus qui associe un stimulus externe à un état interne. Les ancres se produisent naturellement. Bandler et Grinder ont découvert que l'on pouvait créer une ancre au moyen d'un geste, d'un son ou d'un contact associé à un état interne donné afin de pouvoir déclencher et maintenir cet état.

Calibrage : Mesure de l'acuité sensorielle pour utiliser les changements spécifiques manifestés physiologiquement, afin de savoir quand se produisent des changements dans les états internes.

Changement d'histoire personnelle : Technique d'ancrage qui apporte des ressources dans le souvenir de problèmes anciens afin de pouvoir changer leur sens.

Clef (indice) d'accès oculaire : Mouvements oculaires spontanés qui révèlent les processus internes auquels accède le sujet. Ces processus mentaux peuvent être visuels, auditifs, kinesthésiques.

Comme si : Technique utilisée pour créer une ressource, dans laquelle le sujet se comporte « comme si » quelque chose était vrai.

Congruence : Cohérence observable entre ce que dit une personne, ce qu'elle pense (exprimé par les mouvements oculaires) et son comportement. Signifie que toutes les parties de la personnalité sont en accord dans un contexte donné.

Découpage : Fait référence au degré de concret/abstrait avec lequel le sujet se représente et organise son expérience.

Etat : Ensemble des processus internes, des sensations/émotions et de la physiologie que ressent une personne à un moment donné dans un contexte donné.

Etat associé : Etat dans lequel un sujet vit un événement dans l'instant, avec toutes les émotions, les sensations, les perceptions qui lui sont liées.

Etat désiré : Objectif recherché.

Etat dissocié : Quand le sujet se met dans la position mentale d'être observateur de lui-même, restant dans un état neutre par rapport à l'événement considéré.

Etat interne : Toutes les émotions, sensations, perceptions ressenties par le sujet.

Etat présent : Etat dans lequel se trouve le sujet au moment de l'entretien (thérapeutique ou autre) par opposition à l'état désiré. Souvent utilisé pour décrire le problème actuel en contraste avec l'état désiré.

Etat ressource : Etat interne comportant les processus, la physiologie et les sensations/émotions qui sont nécessaires pour transformer le vécu subjectif d'un événement passé, présent ou futur.

Générateur de nouveaux comportements : Processus dans lequel le sujet se revoit dans une situation où il ne s'est pas comporté comme il le souhaitait, et qui va lui permettre d'acquérir de nouvelles ressources. Le sujet peut, soit choisir une ressource à laquelle il avait accès dans le passé, soit faire « comme si » il avait la ressource, soit trouver une personne ayant cettte ressource pour la modéliser.

Incongruence : Etat du sujet qui vit un conflit interne et émet deux messages contradictoires. Le comportement externe et le vécu interne sont en opposition et se manifestent fréquemment par une asymétrie dans la physiologie de la personne.

Kinesthésique : Partie de l'expérience qui concerne les émotions et les sensations, tant tactiles que viscérales.

Méta- : En PNL, préfixe qui désigne ce qui s'applique à propos de quelque chose d'autre. Nous ne percevons pas directement l'expérience. Nous la percevons au travers de notre modèle du monde. La PNL est un modèle qui s'intéresse à nos modèles du monde.

Méta-modèle : Est un modèle à propos d'autres modèles. En PNL, le méta-modèle est un modèle d'analyse du langage dans lequel nous pouvons décoder des indices formels de la construction du monde d'une personne.

Il comporte dix-sept structures linguistiques tels que les généralisations, les omissions, les distorsions, les nominalisations, etc.

Méta-position : Position de recul qui permet de mieux apprécier son comportement, ou celui des autres.

Méta-programme : Ensemble de programmes de traitement que nous appliquons sur les informations fournies par nos systèmes sensoriels. Ils comportent des filtres qui nous focalisent sur une certaine partie de l'expérience, des opérations spécifiques pour donner du sens à l'événement en le testant par rapport à nos critères et des programmes d'actions résultantes.

Partie : Ensemble de comportements ou stratégie. Exemple : « Une partie de moi veut maigrir. »

Physiologie : Les indicateurs non verbaux d'un état interne : posture, gestuelle, rythme respiratoire, coloration de la peau, etc.

Pont vers l'avenir : Associer une personne dans un contexte futur en s'assurant qu'un indice externe déclenche une réponse interne ou un comportement spécifique. Lorsque le cerveau s'est entraîné de cette façon, le nouveau comportement sera automatiquement disponible dans le contexte futur.

Processus interne : Ce qu'une personne pense et comment elle fait pour penser ainsi : ses stratégies, ses valeurs, ses croyances.

Rapport : Etre sur la même longueur d'onde qu'une personne, être synchronisé avec elle. Le rapport émerge lorsque vous accordez ou reproduisez le comportement de l'autre à différents niveaux de son expérience. Cela ne signifie pas que les deux interlocuteurs sont d'accord, ou d'un même niveau de compétence.

Recadrage : Modifier le sens donné à une expérience pour donner accès à de nouveaux choix.

Ressource : Ensemble de savoir-faire (capacités, comportements, états, physiologie) utiles stockés sous forme d'empreintes dans notre cerveau et notre système nerveux.

Sous-modalité : Les modalités font référence à nos cinq sens (visuel, auditif, kinesthésique, etc.). Les sous-modalités sont des composants spécifiques d'une modalité sensorielle. Il existe des sous-modalités visuelles (film ou diapo, image panoramique ou cadrée, couleurs, éclat, précision, etc.), des sous-modalités auditives (rythme de la voix, hauteur, tonalité, volume), des sous-modalités kinesthésiques (température, texture, pression, durée, positionnement de la sensation, éventuellement goût, parfum, etc.).

Squash visuel : Processus de négociation entre deux polarités internes qui comprend la définition des polarités, l'identification de l'intention positive de chacune et la négociation d'un accord qui provoque leur intégration.

Stratégie : Séquence de représentations internes (images, sons, mots, sentiments) qui conduit à un résultat. Fonctionne en dehors du champ de conscience du sujet.

Swish : Processus PNL utilisant des modifications de sous-modalités permettant de remplacer une représentation interne inhibante par une représentation plus dynamique. Ce processus programme le cerveau à aller automatiquement dans une autre direction.

Système de représentation : Construction interne de la réalité à partir des informations transmises par nos cinq sens (visuel, auditif, kinesthésique, olfactif et gustatif).

Visualisation mentale : Technique qui consiste à se représenter sous forme d'images un objectif ou un état désiré en agissant sur les sous-modalités. Dans la visualisation associée, le sujet agit et ressent, il est en contact avec ses états internes. Dans la visualisation dissociée, le sujet est spectateur et peu impliqué émotionnellement.

APPENDICE

Conditions de formulation d'un objectif

1. Que voulez-vous ?
A. Qu'est-ce que ça vous apportera d'avoir cet objectif ?
B. L'objectif est-il :
— 1) Exprimé positivement (ce que vous voulez, et non pas ce que vous ne voulez pas).
— 2) Pouvez-vous le mettre en œuvre vous-même ?
— 3) Est-il sous votre contrôle ? (ce que le sujet peut faire lui-même, sans dépendre d'autres personnes).
— 4) Est-ce un objectif global ou peut-il être découpé en éléments plus facilement réalisables ? (« chunking »).

2. Comment saurez-vous que vous l'aurez obtenu ? (Evidence exprimée par le langage sensoriel : voir, entendre, sentir, gouter.)

3. Où, quand et avec qui voulez-vous cet objectif ? (Contexte.)

4. Qu'est-ce qui vous empêche de l'atteindre actuellement ? (Obstacle.)

5. Quelles sont les conséquences positives ? Et négatives ? (Environnement.)

6. De quelles ressources avez-vous besoin pour atteindre cet objectif ? (Information, attitude, état interne, argent, aide ou soutien de la part d'autres personnes, etc.)

7. Quel est votre premier pas ? (Plan d'action.)

8. Y a-t-il plus d'une façon d'atteindre cet objectif ?

9. De quel délais avez-vous besoin ?

10. Imaginez avoir atteint votre objectif. Retournez-vous et déterminez quelles étapes ont été nécessaires pour y arriver.

Bibliographie

Anderson, Jill, *Thinking, Changing, Rearranging : Improving Self-Esteem in Young People*, Portland, OR, Metamorphous Press, 1988.

Andreas, Steve et Connirae, *Change Your Mind and Keep the Change*, Moab, Utah, Real People Press, 1987.

Bandler, Richard, *Using Your Brain — For A Change, Moab, Utah, Real People Press, 1985. Trad. française : Un cerveau pour changer*, Paris, Interédition, 1990.

Bandler, Richard et John Grinder, *The Structure of Magic I*, Palo Alto, CA, Science and Behavior Books, 1975.

Bandler, Richard et John Grinder, *The Structure of Magic II*, Palo Alto, CA, Science and Behavior Books, 1976.

Bry, Adelaide, *Visualization : Directing the Movies of Your Mind*, New York, Harper & Row, 1979.

Dilts, Robert, *Applications of Neuro-Linguistic Programming*, Cupertino, CA, Meta Publications, 1983.

Dilts, Robert, *Roots of Neuro-Linguistic Programming*, Cupertino, CA, Meta Publications, 1976.

Dilts, Robert, Richard Bandler, Judith DeLozier, Leslie Cameron-Bandler et John Grinder, *Neuro-Linguistic Programming, vol. I : The Study of the Structure of Subjective Experience*, Cupertino, CA, Meta Publications, 1979.

The Essentials Works of Pavlov, Ed. Michael Kaplan, New York, Bantam Books, 1965.

Gawain, Shakti, *Creative Visualization*, Berkeley, CA, Whatever Publishers, 1978.

Grinder, Michael, *Righting The Educational Conveyor Belt*, Portland, OR, Metamorphous Press, 1989.

Kostere, Kim et Linda Malatesta, *Get The Results You Want*, Portland, OR, Metamorphous Press, 1989.

Lee, Scout, *The Excellence Principle*, Portland, OR, Metamorphous Press, 1985.

Lewis, Byron et Frank Pucelik, *Magic of NLP Demystified*, Portland, OR, Metamorphous Press, 1982.

Silva, Jose, *The Silva Mind Control Method*, New York, NY, Simon & Schuster, 1977. Trad. française : *La méthode Silva*, Éd. du Hameau.

Simonton, Carl et Stephanie Matthews-Simonton, *Getting Well Again*, New York, Bantam Books, 1982. Trad. française : *Guérir envers et contre tout*, Paris, Desclée de Brouwer, 1982, coll. Épi.

Stone, Christopher, *Re-Creating Your Self*, Portland, OR, Metamorphous Press, 1988.

Taylor, Carolyn, *Your Balancing Act : Discovering New Life Through Five Dimensions of Wellness*, Portland, OR, Metamorphous Press, 1988.

Pour de plus amples renseignements

NLPNL : Association française des Certifiés en Programmation Neuro-Linguistique.

Son but : regrouper connaissances et expériences, favoriser la recherche pour un développement qualitatif de la PNL fondé sur une éthique partagée.

Président : Jacques Perraud, 53 *bis*, rue Raspail, 69150 Decines-Charpieu. *Fax* : 72.02.10.94.

BIOGRAPHIE DES AUTEURS

Robert Dilts

Dès la création de la Programmation Neuro-Linguistique en 1975 par John Grinder et Richard Bandler, Robert Dilts devient leur étudiant puis leur collaborateur. Il mène une double activité de consultant et d'auteur en Programmation Neuro-Linguistique. Robert Dilts a également étudié avec Milton H. Erickson et Gregory Bateson. Il est le principal auteur de *Neuro-Linguistic Programming, vol. 1*. Son apport à la PNL inclut les systèmes de croyances et les stratégies, la réempreinte, l'intégration des croyances conflictuelles, les niveaux neuro-logiques, les schémas de communication Meta.

Président depuis 1981 de la société Behavioral Engineering, Robert Dilts développe également des programmes informatiques interactifs utilisant les concepts de la PNL dans le domaine de l'éducation, de la formation et du développement personnel.

Depuis 1982, Robert Dilts est Directeur de Recherches du Dynamic Learning Center qu'il a créé avec Todd Epstein. Le centre propose des entretiens, des séminaires de formation et du matériel pédagogique dans les domaines de pointe de la PNL. Ensemble ils ont aussi fondé Dynamic Learning Publications, The Academy of Behavioral Technology et the NLP University.

En plus des ses activités d'écrivain, Robert Dilts est un des consultants et formateurs PNL le plus sollicité. Il intervient aux États-Unis et en Europe dans de nombreux domaines : Apple Computer, Lucasfils Ltd, the University of Miami School of Medicine, Harvard University, the California Association of Special Education Teachers.

Il participe depuis quatre ans à un programme de Modélisation des Managers Efficaces avec le constructeur automobile FIAT.

Robert Dilts a publié de nombreux ouvrages, dont *Changing Beliefs Systems with NLP, Tools for Dreamers* et *Skills for the Future*. Il achève actuellement un ouvrage sur les stratégies des génies.

Tim Hallbom

Tim compte à son actif des milliers d'heures de formation et de séances thérapeutiques dans le domaine de la communication et du changement comportemental. Il intervient aux États-Unis, en Europe et en Amérique du Sud. Il s'est spécialisé dans les problèmes de stress, de santé, de modes de vie et de la productivité individuelle.

Tim Hallbom est le co-fondateur de Western States Training Associates à Salt Lake City, et le co-auteur avec Suzi Smith de *Les Niveaux neurologiques et la relation Corps-Esprit, La Ré-empreinte : une Démonstration de la Relation Corps-Esprit*, et *Se Débarrasser des Allergies*. Il a participé à l'édition 1994 de *Alternative Medicine - A Definitive Guide*. Il travaille actuellement en étroite collaboration avec Roberts Dilts et Suzi Smith sur le projet *NLP World Health Community for the 21st Century*.

Suzi Smith

Après des études de piano, Suzi Smith se trouva fortuitement impliquée dans le travail de la relation d'aide. Cette expérience éveilla son intérêt pour aider les gens à changer leur vie. Depuis 1979, elle étudie plus particulièrement les rapports entre les *patterns* comportementaux et la santé.

En 1981, elle fonde, avec Tim Hallbom, le Western States Training Associates, un cabinet de conseil et de formation auprès des entreprises privées et gouvernementales.

Suzi Smith a publié de nombreux articles dans les revues « Anchor Point » et « NLP Connections ». En collaboration avec Tim Hallbom, elle a également entrepris de créer une importante vidéothèque dont les premiers titres sont : « Se Débarrasser des Allergies », « Les Niveaux neurologiques et la relation Corps-Esprit », et « La Ré-empreinte : une Démonstration de la Relation Corps-Esprit ».

6e édition

Cet ouvrage a été achevé d'imprimer en novembre 2005
dans les ateliers de Normandie Roto Impression s.a.s.
61250 Lonrai
pour le compte des Éditions Desclée de Brouwer
N° d'imprimeur : 053048
Dépôt légal : novembre 2005

Imprimé en France